DELIUS KLASING

BIRGIT RADEBOLD • THOMAS ERNST

ST. PETER-ORDING

KULT-ORT AN DER KÜSTE

DELIUS KLASING VERLAG

INHALT

VORWORT

1

ENTSCHEIDUNG: WARUM ST. PETER-ORDING? ELF GRÜNDE DAFÜR UND FÜNF DAGEGEN

*ELF GUTE GRÜNDE,
WARUM MAN HINFAHREN SOLLTE:*

1. *WEIL ES DA IST*
2. *WEIL ES NAH IST (GILT ZUMINDEST FÜR ALLE HAMBURGER UND JENE AUS DEM NORDDEUTSCHEN UMLAND)*
3. *WEIL DIE KOMBINATION MEER – STRAND – WALD SONST KAUM ZU FINDEN IST*
4. *WEIL ES IM FRÜHLING SO SCHÖN DORT IST*
5. *WEIL DIE WEITE UND FREIHEIT DES STRANDES DEN KOPF UND DIE SEELE FREIPUSTET*
6. *WEIL ES IM SOMMER SO SCHÖN IST – UND MAN SELBST DANN, MITTEN IN DER HOCHSAISON, EINEN RUHIGEN STRANDABSCHNITT FINDEN KANN*
7. *WEIL ES DER EINZIGE ORT IST, WO MAN SOZUSAGEN IM MEER ESSEN KANN*
8. *WEIL ES IM HERBST SO SCHÖN DORT IST*
9. *WEIL ES EINE UNSCHLAGBARE MISCHUNG AUS RUHE UND ACTION FÜR JEDERMANN BIETET UND WEIL ES EINER DER WENIGEN ORTE IST, WO NATURSCHÜTZER EINE FRIEDLICHE KOEXISTENZ MIT SPASSURLAUBERN FÜHREN*
10. *WEIL ES IM WINTER SO SCHÖN IST*
11. *WEIL ES – EGAL OB SINGLE, PAAR, FREUNDE, FAMILIE, OB ALT ODER JUNG, ARM ODER REICH – OFFEN FÜR JEDERMANN IST*

Wie Schmetterlinge wirbeln die bunten Drachen der Kitesurfer durch die Luft.

Klingt perfekt? Ist es auch – in vielerlei Hinsicht. Allerdings seien der Fairness halber auch die Gründe genannt, die es weniger perfekt erscheinen lassen:

*FÜNF GRÜNDE,
WARUM ES NICHT ST. PETER-ORDING
SEIN SOLLTE:*

1. *WEIL DIE BERGE SO RAR SIND*
2. *WEIL BEIM FAHRRADFAHREN UND SPAZIEREN DER WIND IMMER VON VORN KOMMT*
3. *WEIL DAS WASSER IMMER SO WEIT WEG IST – ODER ZUMINDEST NIE DA, WO MAN ES GERADE GERN HÄTTE*
4. *WEIL ES, WENN ES VOLL IST, RICHTIG VOLL IST*
5. *WEIL ES KEINEN RICHTIGEN HAFEN HAT (AUCH WENN DIE STRANDSEGLER ES NATURGEMÄSS ANDERS SEHEN)*

ANKOMMEN
SCHON DIE ANFAHRT NACH ST. PETER-ORDING HAT ETWAS ENTSPANNENDES.

Es gibt im Wesentlichen zwei Möglichkeiten: Man kann mit dem Zug anreisen oder mit dem Auto. (Einige wenige kommen auch per Flugzeug, denn zwischen Tating und Dorf gibt es einen kleinen Flughafen für Sportflugzeuge.) Blicken wir zunächst auf die Anfahrt mit dem Auto: Von Süden her kommend wird es nach dem Verlassen der Autobahn in Heide (A 23) oder Rendsburg (A 7 bzw. A 210) schnell ländlich und dann noch schneller beschaulich. Die Straßen werden immer kleiner, die Ortsnamen lustiger (schon mal durch Hohn gefahren?), die Sehenswürdigkeiten dichter – ein Stopp am Eidersperrwerk, in Friedrichstadt oder Tönning stimmt schon mal auf die norddeutsche Tiefebene ein. Der Blick weitet sich – nicht umsonst heißt es ja, dass man hier im Norden bereits am Morgen sehen kann, wer mittags zum Essen da sein wird. Der Himmel scheint höher zu werden (oder tiefer zu hängen, wenn eine ausgedehnte Schlechtwetterfront naht – in jedem Fall also extremer im Verhältnis zum Land), die Luft klarer, und über allem hängt der leicht salzig-frische Geruch der Nordsee.

Ist die Halbinsel Eiderstedt erreicht, möchte man stocken vor Staunen. Wollte man doch zum Meer und sieht sich plötzlich von Wald umgeben. Dicht und dunkel umfängt er den Ort, und die Straßen schlängeln sich auf unvorhersehbare Art und Weise. Doch eine gute Ausschilderung hilft auch dem Ortsunkundigen, sich zurecht- und die unterschiedlichen Ortsteile überhaupt zu finden: Süderhöft, Böhl, Dorf, Bad Süd und Nord.

Auch eine Anreise mit dem Zug ist lohnenswert, weil der Entspannung zuträglich. Nach einer zumeist schnellen Anreise nach Husum (mit dem IC oder, weit häufiger, mit einer Regionalbahn) steigt man dort in einen Minizug um, der häufig nur zwei Waggons lang ist. Mit dem Einsteigen steigt die Urlaubslaune spürbar – bei sämtlichen Passagieren. Mit jedem Halt – Witzwort, Harblek, Tönning, Kating, Katharinenheerd, Garding, Sandwehle, Tating, Bad St. Peter Süd und Bad St. Peter-Ording – verändert sich die Landschaft, sodass die rund 50 Minuten dauernde Fahrt wie im Flug vergeht. Zeitgleich wächst mit jedem Halt die Vorfreude – kommen Kühe, Pferde, Schafe in Sicht, werden die Höfe größer und die Dächer mehr und mehr mit Reet gedeckt. Weide und Heide wechseln sich ab, hier und da durch Knicks und alte Bäume geschützt. Die Stationen – zum Teil liegen sie nur zwei Minuten Fahrzeit auseinander – zeigen Ein-Straßen-Dörfer, und die Streckenführung ist speziell: So darf man sich nicht wundern, dass das Bähnchen in Tönning scheinbar zurück fährt – es liegt am dortigen Kopfbahnhof.

Endlich angekommen, egal wie, gibt es eigentlich kein Halten mehr: Schnell nimmt das stete Rauschen des Meeres gefangen, pustet der ewige Wind Sorgen und Alltag aus dem Kopf, wird das Atmen tiefer und auf den Gesichtern zeigt sich dieses leicht entrückt-selige Grinsen.

Bei Hochwasser oder Nebel markiert der Pfahl den Weg – ansonsten zeigt er: Gleich ist es geschafft, gleich bist du am Meer!

SAND & MEER

2

VOM WINDE VERWEHT

SANDRIPPEL, SO HART, DASS MAN MIT AUTOS DARAUF FAHREN KANN. SCHLICK, BESTEHEND AUS TONIG-SCHLUFFIGEN FEINBESTANDTEILEN, UND SAND, HERRLICH, WENN ER DURCH DIE ZEHEN QUATSCHT. PUDERSAND, DER VOM WINDE VERWEHT WIRD, WUNDERSCHÖN ANZUSCHAUEN UND SPÄTER AM TAG ZWISCHEN SÄMTLICHEN KLEIDUNGSSCHICHTEN WIEDERZUFINDEN. WO KOMMT DAS GANZE GEKÖRNE NUR HER?

Ohne Wasser kein Strand – die Symbiose von beiden schafft das sich permanent ändernde Faszinosum Wattlandschaft.

Schaut man sich die Karte von Norddeutschland an, entdeckt man ganz im Nordwesten eine Gruppe von Inseln (es sind die Nordfriesischen), deren bekannteste wohl Sylt sein dürfte. Südlich davon schiebt sich die Halbinsel Eiderstedt ins Watt – gerade so, als wolle sie die Inseln vor Stürmen aus Richtung Hamburg und Elbe beschützen. Und dort, wo die Halbinsel auf das Meer trifft, an der ungeschützten, offenen Westflanke, ist das Land im doppelten Sinn zu Ende. Nicht Wald hält die Küste dort, kein imposant steil abfallendes Ufer, sondern eine sich über zwölf Kilometer erstreckende und bis zu zwei Kilometer breite, lang gezogene Sandbank. Feinster, weißer, pudriger Sand wohin man vom Deich bis zum Horizont blickt. Wie kann ausgerechnet er den Gewalten des Meeres trotzen und gegen den „blanken Hans", wie die Nordsee, die „Mordsee" auch genannt wird, bestehen?

Nun, genau genommen kann er eben das gerade nicht. Dünen entstehen, indem der Wind den losen Sand vor sich hertreibt und aufschichtet. Wo der Sand verweht wird, folgt schon bald das Wasser.

Erdgeschichtlich betrachtet sind Strand und Watt echte Jungspunde, Küken, Dreikäsehochs, sind sie doch erst infolge des Anstiegs der Nordsee entstanden – rund 5500 Jahre vor Christi Geburt. Die zeitlich davorliegende Eiszeit hatte mit dem Abschmelzen von Gletschern Geestrücken und -inseln hinterlassen, die heute noch den Kern der Nordfriesischen Inseln bilden. Auch Marscheninseln gibt es, dazu kommen die Halligen und Sände ohne jede Vegetation. Ihnen allen vorgelagert war der große „Weststrand" (auch „Westland" genannt), der infolge des höher steigenden Nordseewassers – immerhin rund 50 Meter in den vergangenen 10 000 Jahren – überspült und gen Küste transportiert worden ist. Das, was man heute als Strand sieht, ist also nur mehr ein kleiner Rest dessen, was noch vor 400 Jahren der Küste vorgelagert war: ein geschlossener Sandgürtel, durchzogen lediglich von Prielen. Weit nördlich von Hever beginnend und deutlich vor der Eidermündung endend.

Dieser Transport dauert heute noch an (Sand wird vom Nordende bei Westerhever abgetragen und im Süden bei Bülk wieder angelandet) und ist in der jüngeren Geschichte durch Kartenwerk und Überlieferungen belegt. Die Kirche von Ording ist dafür ein gutes Beispiel, wurde sie doch zweimal weiter ins Landesinnere versetzt. Die erste Kirche musste aufgegeben werden, weil sich ein Wasser-

Meersanddünenwaldlandschaft: Nirgendwo sonst gibt es diese Kombination so dicht beieinander!

OBWOHL IHR KEIN GESICHT ZUZUORDNEN IST, GEHÖRT SIE DOCH ZU DEN PROMINENTESTEN BEWOHNERN ST. PETER-ORDINGS. IMMERHIN SIND IHR EINE STRASSE UND EINE AUSSICHTSDÜNE IM BEWALDETEN GEBIET NÖRDLICH VON BAD GEWIDMET – DIE STELLE NÄMLICH, AN DER MALEENS KNOLL JAHRAUS, JAHREIN IM LICHTE DER SONNE ODER DER PETROLEUM-LAMPE AM SPINNRAD SASS UND AUF DIE RÜCKKEHR IHRES VERLOBTEN WARTETE, DER FISCHER WAR. EINES NACHTS JEDOCH BRANNTE DIE LAMPE NICHT MEHR – MALEENS KNOLL WAR VERSTORBEN. NUR KURZE ZEIT SPÄTER WURDE IHR VERLOBTER VON DER NORDSEE ANGESPÜLT, NICHT WEIT VON IHREM AUSSICHTSORT ENTFERNT ...

Einer der häufigsten Zugvögel des Wattenmeeres ist der kleine Alpenstrandläufer, der in den lappländischen Alpen in Nordeuropa brütet.

strom der Küste näherte. Die Standort der nachfolgenden, zweiten Kirche ist heute durch einen Duckdalben markiert – er befindet sich mitten auf der Sandbank. Bereits 130 Jahre später musste auch sie aufgegeben werden – der Kirchort und mit ihm umliegende Höfe und Katen versandeten. Nicht zuletzt war der umherfliegende Sand, der auf Dauer die Äcker abmagerte und so unfruchtbar machte, mit dafür verantwortlich, dass dieser Landstrich jahrhundertelang als Armenhaus Eiderstedts galt. 1724 wurde die dritte Kirche, die auch heute noch zu sehen ist, gebaut und durch Deiche geschützt.

Der Strand, wie wir ihn heute kennen und erleben, ist also immer noch dem steten Wandel unterworfen. Deutlich wird dies durch neue Dünen, die mitten auf der Sandbank entstehen. Sobald sie eine Nehrung bilden und mit Strandhafer, Queller und ähnlichen Pflanzen besiedelt werden, wächst aus ihnen ein großes Sandsalzwiesengebiet. In früheren Zeiten hätte man diese Fläche mit Sicherheit eingedeicht und bewirtschaftet, dem Meer dieses Land bleibend abgetrotzt. Heute jedoch bleibt es ein natürliches Experiment: Der Schutz des Weltnaturerbes verbietet derartige menschliche Eingriffe.

Für die besondere Dünenlandschaft St. Peter-Ordings jedoch gilt vor allem, dass längst nicht alles, was Düne und Sand ist, auch wie solches aussieht. Die typische „weiße", „arabische" Düne besteht zwar in der Tat nur aus Sand. Nachfolgend jedoch wird sie von Strandhafer und Queller besiedelt, kleinen Pflanzen, die mit ihren zumeist noch kleineren Wurzeln die einzelnen Körner festhalten und so den besten Schutz vorm Davonwehen bieten. Auch Heidekraut ist typisch für die Vegetation zwischen Strand und Küste. St. Peter Bad hat gar einen ganzen Kiefernwald, der, genauer hingeschaut, eine Dünenlandschaft ist. Entstehen konnte er nur durch beherzte Regularien (und das gestrenge Achten auf das Einhalten derselben), nachdem Mitte des 19. Jahrhunderts die damaligen Deichgrafen die Anpflanzung Hunderter Kiefernbäume verfügten, damit der Wanderlust der Dünen endlich Einhalt geboten würde.

Wer aber nun glaubt, dass der Strand aufgrund seiner großen Faszination für Touristen erst heute für St. Peteraner wertvoll ist, der irrt. Schon im frühen Mittelalter beteten die Bewohner inständig: „Gott segne unseren Strand" – nicht nur, damit er erhalten bliebe, sondern damit auch weiterhin möglichst viele Schiffe hier – und nicht etwa woanders! – Schiffbruch erlitten und anschließend von der Bevölkerung geplündert werden konnten. Bis ins 20. Jahrhundert ging das so – dann wurden Strandvögte eingesetzt, die den Raub verhindern sollten. Zu dieser Zeit aber waren auch die ersten Hotels schon in Betrieb – der Sand blieb Goldes wert.

BODO JENSEN, JÄGER OHNE JAGDSCHEIN

GRUNDSÄTZLICH UNTERLIEGT DER SEEHUND WIE JEDES ANDERE WILD DEM JAGDRECHT. SEIT MEHR ALS 30 JAHREN JEDOCH DÜRFEN DIE ELEGANTEN SCHWIMMER IN SCHLESWIG-HOLSTEIN NICHT MEHR BEJAGT WERDEN. DIE PFLICHT EINES SEEHUNDSJÄGERS BESTEHT VIELMEHR DARIN, SIE ZU SCHÜTZEN UND ZU HEGEN, SICH UM VERLASSENE HEULER UND VERLETZTE SEEHUNDE ZU KÜMMERN, TOTE TIERE ZU BERGEN, DEN ZU VERANTWORTENDEN ABSCHNITT ZU KONTROLLIEREN SOWIE GENERELL ZU INFORMIEREN UND AUFZUKLÄREN.

Kaum wird er gerufen, ist er auch schon zum Schutz der Tiere unterwegs: Bodo Jensen.

Mit dem schrillen Klingeln des Telefons mitten in der Nacht ist Bodo Jensen aufgewachsen. Immer dann, wenn ein Tier am Strand gefunden wurde – egal, um welche Zeit –, wurde sein Vater angerufen, um nach dem Rechten zu schauen und gegebenenfalls einzugreifen. Tagsüber kam Bodo gern mit – er ist in dieses Metier hineingewachsen. Als sein Vater verstarb, übernahm Bodo das Amt des Seehundsjägers, allerdings nicht ganz ohne Schwierigkeiten, denn er hat weder Jagdschein noch Gewehr, beides eigentlich Voraussetzung für einen Jäger. Doch wer sonst sollte es tun? Kannte sich besser aus mit den Tieren, den Abläufen, den Schwierigkeiten, die Ebbe und Flut und sich ständig verlagernde Priele mit sich bringen?

Nun rufen also Polizei, Touristen oder die Strandaufsicht bei ihm an, wenn sie ein Tier am Strand entdecken. Dann schnappt sich Bodo Jensen seinen Helm, schwingt sich auf sein Quad und fährt zur Fundstelle. Dort nähert er sich dem Tier und begutachtet es. Wie atmet es? Eher in den oberen Brust- oder unteren Bauchbereich hinein? Glänzen die Augen, oder sind sie matt? Wie reagiert es auf ihn? Aufgrund seiner Erfahrung weiß er sehr schnell, ob das Tier krank ist oder sich einfach nur ausruhen und sonnen möchte. Ist Letzteres der Fall, versucht er, das Tier zurück ins Meer zu treiben – zur Not packt er es am Schwanz und zieht es ins Wasser. Zum Schutz des Tieres wohlgemerkt, denn oft genug drängt sich um den Seehund eine ganze Traube von Menschen, die das arme Tier retten will – manchmal auch, ohne dass es gerettet werden müsste.

HIER RÄT DER JÄGER ZUM SELBSTVERSUCH: WIE FÜHLT MAN SICH, WENN MAN FLACH AUF DEM BODEN LIEGT UND UM SICH HERUM RIESENHAFTE WESEN STEHEN, VIELLEICHT NOCH MIT AUFGEREGTEN HUNDEN AN DER LEINE UND DEN FLUCHTWEG ZUM MEER BLOCKIEREND? NICHT UNBEDINGT ENTSPANNT.

M2744

Dennoch ist es richtig, ihn bei Sichtung eines Tieres zu informieren, denn es könnte ja doch ein von der Mutter verlassener Heuler oder ein krankes Tier sein. Die hebt der kräftige Mann dann vorsichtig auf und legt sie in einen auf dem Quad oder auch Auto befindlichen Kasten, um sie schnellstmöglich in die Aufzuchtstation Friedrichskoog zu bringen, wo sie versorgt werden. 10 bis 20 Kilogramm wiegt so ein Tier durchschnittlich, manche bis zu 80 Kilogramm. Körperliche Fitness ist eine Grundvoraussetzung für diesen Job.

Unangenehm sind tote Tiere, Kadaver, die ebenfalls vom Strand entfernt und korrekt entsorgt werden müssen. Auch wenn er das von Kindheit an kennt. Der Anblick ist unschön, und der Geruch, den ein halb aufgelöster Kadaver verströmt, nicht eben angenehm.

Schwer kranke, nicht zu rettende Tiere schmerzen Bodo Jensen besonders. Wenn er einen solchen Fall vor sich hat, ruft er einen Kollegen, damit sie gemeinsam entscheiden, ob das Tier erlöst werden soll – was der Kollege mit Jagdschein übernimmt. Auch diese toten Tiere werden später von unabhängiger Stelle untersucht, und noch nie lagen Jensen und sein Kollege mit ihrer Einschätzung falsch. Zum Glück, sagt Bodo Jensen. Überhaupt wird jeder Fund dokumentiert, und regelmäßige Schulungen aller Seehundsjäger – allein auf Eiderstedt sind es vier, wobei das Gebiet von Bodo Jensen die gesamte Sandbank St. Peter-Ordings umfasst – garantieren eine gleichbleibend hohe Wachsamkeit aller Beteiligten.

JENSEN LIEBT DIE HÜBSCHEN TIERE MIT DEN WARMEN GROSSEN KULLERAUGEN, DESWEGEN IST DER SCHUTZ DER TIERE IHM EIN ECHTES ANLIEGEN. SEINE AUFGABE SIEHT ER DENN AUCH MEHR ALS BERUFUNG AN – UND FREUT SICH, DASS ER DEM ORT ST. PETER-ORDING ETWAS ZURÜCKGEBEN KANN. SCHLIESSLICH DIENT DER SCHUTZ DER TIERE AUCH DEM SCHUTZ DER TOURISTEN, UND DA JENSEN IM HAUPTBERUF ZUSAMMEN MIT SEINER FRAU IN DORF DIE PENSION „DÜNENSCHLOSS" BETREIBT, HAT ER VERSTÄNDNIS FÜR BEIDE SEITEN.

Manchmal wird er natürlich auch umsonst gerufen. Ganz selten scheint es ein Scherz zu sein. So auch im Oktober 2013, als Orkan Christian über die Sandbank und den Ort fegte. Ein Anrufer meldete einen Hirsch am Strand. Da es auf ganz Eiderstedt kein Dammwild gibt, glaubte Bodo Jensen zunächst kein Wort, schwang sich aber dennoch auf das Quad und fuhr los. Zum Glück. Denn je näher er dem unwahrscheinlichen Fund kam, desto größer wurde das Tier. Bis sich deutlich sichtbar ein Geweih am Strand erkennen ließ. Glücklicherweise hatte Bodo Jensen seinen damals achtjährigen Sohn mit dabei. Und das Quad seines Bruders. Mit Anhänger. Und mit einer Winde. Noch viel besser war, dass der Sohn das Quad auch schon bedienen konnte. Denn nur mit dessen Hilfe gelang es Bodo Jensen, den Hirsch mit der Winde auf den Hänger zu bugsieren und vom Strand zu transportieren.

Bei jeder Flut ändert sich der Lauf der Priele. Selbst die berufsmäßigen Strandfahrer haben deswegen schon Autos versenkt.

SPÄTER WURDE DAS TIER ZU FORSCHUNGSZWECKEN NACH BÜSUM GEBRACHT. DORT FAND MAN HERAUS, DASS DER HIRSCH NUR WENIGE TAGE IM WASSER LAG UND VERMUTLICH ZWISCHEN HUSUM UND NIEBÜLL VON DER FLUT MITGERISSEN WURDE.

Das Geweih ziert heute die Veranda der Jensens – als Erinnerung. Nicht auszuschließen, dass eines fernen Tages der nächste Seehundsjäger von St. Peter-Ording ebenfalls den Namen Jensen trägt.

Glückliche Familienzusammenführung!

WIE FUNKTIONIERT DAS WATTENMEER?

DIE NORDSEEKÜSTE BILDET AUF EINER FLÄCHE VON RUND 9000 QUADRATKILOMETERN – EIN GEBIET, IN ETWA SO GROSS WIE DIE MITTELMEERINSEL KORSIKA – DAS VON DER UNESCO ALS WELTNATURERBE AUSGEZEICHNETE WATTENMEER.

Hügel, Täler, Seen ... Je genauer man sich den Sandboden ansieht, desto vielfältiger scheint er sich zu formen.

Diesen Status bekommen nur Gebiete, die eine herausragende Bedeutung für den Erhalt der biologischen Vielfalt sowie der geologischen und ökologischen Prozesse aufweisen. Kriterien, die das Wattenmeer mit Leichtigkeit erfüllt. Das fängt schon mit der Besonderheit an: Je nachdem, wann man das Wattenmeer betrachtet, sieht man nämlich entweder Sand, Schlick, Modder (das eigentliche Watt) oder schlicht: Wasser. Denn Grundlage des Watts ist, dass es aufgrund der Gezeiten zweimal täglich während des Hochwassers überflutet wird und während des Niedrigwassers trockenfällt. Nichts ist hier so beständig wie der Wechsel, und das seit rund 10 000 Jahren. Durchschnittlich sechs Stunden und zwölf Minuten liegen zwischen einem Hoch- und einem Niedrigwasser. In dieser Zeit läuft das Wasser auf (Flut) oder ab (Ebbe).

SCHULD AN EBBE UND FLUT IST DIE MASSENANZIEHUNG VON SONNE UND MOND GEPAART MIT DER FLIEHKRAFT IM SYSTEM ERDE/MOND. EINFACHER AUSGEDRÜCKT: DASS BEISPIELSWEISE EINE EISKUGEL GRUNDSÄTZLICH IN DER WAFFEL BLEIBT UND NICHT FREI IM RAUM UMHERSCHWEBT, LIEGT AN DER SCHWERKRAFT AUF DER ERDE. DIE GLEICHE KRAFT GIBT ES AUCH AUF DEM MOND – SIE IST ES, DIE DAS WASSER VON DER ERDE WEG RICHTUNG MOND ZIEHT: FLUT. (SAUGT MAN EIN ETWAS ZU LANGE IN DIE SONNE GEHALTENES, LEICHT ANGETAUTES EIS MIT SPITZEN LIPPEN AN, ENTSTEHT EINE EISBEULE IN RICHTUNG MUND. BEWEGT MAN DIESEN SAUGENDEN MUND UM DIE EISKUGEL HERUM, WANDERT DIE EISBEULE IMMER MIT. EISFLUT, SOZUSAGEN. UND WO SIE GERADE NICHT IST, HERRSCHT EBBE.) SO WEIT, SO LOGISCH. ALLERDINGS WÜRDE NACH DIESEM MODELL NUR ALLE 24 STUNDEN FLUT AUFTRETEN – NÄMLICH IMMER NUR DANN, WENN DER MOND ÜBER DEM WASSER STEHT. TATSÄCHLICH HALBIERT SICH ABER DIE ZEIT, WEIL AUF DER JEWEILS GEGENÜBERLIEGENDEN SEITE DER ERDE EBENFALLS EIN FLUTBERG ENTSTEHT. HIERFÜR IST DIE AUS DER ERDROTATION ENTSTEHENDE ZENTRIFUGALKRAFT, AUCH FLIEHKRAFT GENANNT, VERANTWORTLICH. DIESE IST AUF DER DEM MOND ABGEWANDTEN SEITE STÄRKER ALS DIE ANZIEHUNGSKRAFT DES MONDES SELBST. DAHER HERRSCHT AUF DER MONDABGEWANDTEN SEITE KEINE DOPPELT STARKE EBBE, SONDERN EBENFALLS FLUT. (DAS MIT EINER EISKUGEL ZU ERKLÄREN, IST IRGENDWIE NICHT MÖGLICH ...) WICHTIG FÜR DAS WATT BLEIBT ABER: MAL IST DER BODEN ZU SEHEN, ZU BEGEHEN, ZU BESPIELEN, UND MAL IST ER VOM WASSER BEDECKT.

Dieses Auf und Ab von Ebbe und Flut, Hoch- und Niedrigwasser verläuft aber beileibe nicht linear an der Küste entlang. Tiefe Ströme, sogenannte Priele, schneiden kreuz und quer, in Bögen und Schleifen durch den Meeresboden. Auch das Festland beeinflusst das Großökosystem Wattenmeer: Über die Flüsse gelangen permanent feiner Sand und Tonpartikel ins Watt und lagern sich dort ab. Im Wechselspiel mit den Gewalten des Meeres verändert sich die Wattlandschaft dadurch pausenlos. Die Aussage, das Wattenmeer hätte sich weitestgehend in seinem ursprünglichen Zustand erhalten, entbehrt im Licht dieser Tatsache also nicht einer gewissen Ironie.

Watt und Wiese mal ganz anders: Leuchtend grün, fast urwaldartig erscheinen die Übergangsgebiete zum Hinterland.

BADEN UND GEZEITEN

BEI FLUT UNSICHTBAR, WERDEN PRIELE, TIEF DEN SAND DURCHSCHNEIDENDE WASSERLÄUFE, SPEZIELL BEI EBBE ZUM TEIL ZU REISSENDEN BÄCHEN, VOR DENEN MAN SICH GUT IN ACHT NEHMEN SOLLTE. BADEN IN DEN PRIELEN IST TABU – ZU VIELE SCHWIMMER HAT ES SCHON HINAUS AUF DIE NORDSEE GETRAGEN. BADEN BEI FLUT ERFORDERT EBENFALLS GROSSE ACHTSAMKEIT, DA EIN VERMEINTLICH FLÄCHIGER STRAND ALLZU SCHNELL DURCH EINEN PRIEL VOM LAND ABGESCHNITTEN UND ZU EINEM MINI-EILAND IN DEN FLUTEN WERDEN KANN.

Sand ist nicht gleich Sand, und Watt ist nicht gleich Watt. Je nachdem, wie groß die Sandkörner sind, unterscheidet man in Sandwatt (eher grob, 0,02–2 Millimeter Durchmesser, Wasser läuft gut ab, der Boden ist im trockenen Zustand hart), Schlickwatt (zehnmal feiner, Partikelgröße unter 0,002 Millimeter Durchmesser, eher wasserhaltiger Schlamm als Sand) und Sandmischwatt (feiner Sand, der durch die Flut dem Schlickwatt beigemengt wird. Wasser kann nur schwer versickern, es entsteht eine Art Pampe, in die man beim Betreten tief einsinkt). Je nach Wattform leben unterschiedliche Bewohner im Sand.

Insgesamt können Wattsedimente bis zu 30 Meter mächtig sein. Sandwatt findet man übrigens fast entlang der gesamten zwölf Kilometer langen Sandbank vor St. Peter-Ording. Wer lieber das saugende Gefühl an nackten Fußsohlen und das schmatzende Geräusch um Gummistiefel mag, der muss entweder an den Strand von Dorf oder nach Süden in den Ortsteil Böhl fahren – hier erstrecken sich südlich der Pfahlbauten endlose Weiten Schlickwatt.

EINE BEGEHUNG MIT EINEM KUNDIGEN WATTFÜHRER IST ÜBRIGENS EIN BESONDERES ERLEBNIS UND WIRD UNTER ANDEREM VON DER SCHUTZSTATION WATTENMEER ANGEBOTEN. HIERBEI WERDEN NATURKUNDLICHE SCHWERPUNKTE GESETZT, STRÄNDE ERWANDERT, VOGELEXKURSIONEN ZU FUSS ODER MIT DEM RAD AUF DEM BÖHLER DEICH DURCHGEFÜHRT, SALZWIESEN ERKUNDET ODER SPEZIELLE ANGEBOTE FÜR KINDER GEMACHT.

WATT HIER LEBT

OB STRAND ODER WATT: ÜBERALL BIETET SICH EIN ÄHNLICHES BILD. EIN ODER MEHRERE SPAZIERGÄNGER SCHLENDERN DAHIN. KÖPFE WENDEN SICH EINANDER ODER DEM MEER ZU. UND FRÜHER ODER SPÄTER SENKT SICH DER BLICK NACH UNTEN. GARANTIERT. DANN STOCKT DER SCHRITT, VERHARRT DER MENSCH, BÜCKT SICH UND GREIFT ZIELGERICHTET NACH ETWAS AUF DEM BODEN LIEGENDEN.

Meist ist es eine Muschel. Seltener der verdorrte Rest einer Sepia. Und es wird klar: Hier ist ordentlich Leben drin! Dass es allerdings Schätzungen zufolge fast 40 000 tierische Kleinstorganismen pro Quadratmeter Schlickwatt sein können, überrascht dann doch.

Allein bis zu 40 Wattwürmer finden sich pro Quadratmeter Wattboden. Sie sind relativ leicht zu entdecken, da sie die unverdauten Reste ihrer Sandbodenmahlzeit als auffällige Kotschnurknäuel („Spaghettihaufen“) wieder ausstoßen.

Miesmuschel (grau/blau und länglich) und Herzmuschel (klassischer herzförmiger Körperumriss mit längs riffelig verlaufender Schale) filtern Sinkstoffe aus dem Wasser. Die Miesmuschel ist am bekanntesten. Einerseits lebt sie als einzige heimische Muschel oberirdisch, was sie zu einem beliebten Snack für Vögel macht; andererseits schätzen auch Menschen ihren feinen salzigen Geschmack. Die Herzmuschel hingegen sitzt 1 Zentimeter tief im Boden. Dort säubert sie bis zu 2,5 Liter Wasser pro Stunde – echte Saubermacher also! Sie findet man anhand der kleinen Löcher im Wattboden.

MIESMUSCHELN SIND ÜBRIGENS WEDER MIES NOCH HINTERHÄLTIG ODER GAR BESONDERS GEMEIN. IHR NAME RÜHRT VOM MITTELHOCHDEUTSCHEN „MIES“ HER, WAS MOOS BEDEUTET. DAMIT SIE SICH AUF DEM BODEN VERANKERN KANN ODER AUS DEM SCHLAMM HERAUSZIEHEN, SPINNT DIE MIESMUSCHEL BRAUNE FÄDEN, DIE SIE AN IHREM FUSS BEFESTIGT. EBENJENE FÄDEN ERINNERN AN MOOS.

Neben Würmern und Muscheln dürften Schnecken die dritte wichtige Größe der Strandfunde bilden. Hierbei beschränkt sich der gemeine Strandläufer allerdings meist auf die Gehäuse der Wellhornschnecke. Dass Bälle von gelblich-braunen, an Kerne erinnernden Gebilden, die von den Wellen an Land getragen werden und bis zu Handballgröße zusammengeklumpt sein können, den Laich dieser Schnecke bilden, wissen allerdings nur die wenigsten. Die andere häufig vorkommende Schneckenart im Wattenmeer von St. Peter-Ording ist die Wattschnecke – wenige Millimeter klein, kann man sie schwimmend oder am Meeresboden verankert finden. Bei Ebbe graben sie sich wenige Millimeter tief in den Sand ein – oft allerdings bis zu 20 000 Tiere auf einem Quadratmeter! Ihr zahlreiches Vorkommen bzw. das ihrer Ausscheidungen fördert in besonderem Maße die Bodenbildung des Watts.

Speziell im Frühling und Herbst ist es im Wattenmeer alles andere als still. Dann nämlich machen rund zwölf Millionen Vögel auf ihrem jährlichen Nord-Süd-Wanderflug Rast im Wattenmeer, das aufgrund des permanenten Austauschs der Elemente eine der höchsten Primärproduktionsraten der Welt aufweist. Anders ausgedrückt: Hier leben auf kleinstem Raum rund 10 000 Arten von einzelligen Organismen und Pilzen, höheren Pflanzen und Tieren – ein überaus reichhaltig gedeckter Tisch also, der zudem auf einmalige Weise zeigt, wie sich Pflanzen und Tiere an die ständig wechselnde Landschaft anpassen.

Im Herbst und Frühling ist die Luft vom Kreischen, Schreien und Flügelschlagen Zigtausender Zugvögel erfüllt.

EINE GANZE REIHE SUPERLATIVE

Die Vögel bilden im Wattenmeer sicherlich eine der auffälligsten Tiergruppen. Was kaum jemand weiß: In dieser Gruppe gibt es erstaunlich viele Superlative:

____ Die Pfeifente zum Beispiel ist die kleinste vegetarische Ente der Welt. Sie grast bis zu 15 Stunden am Tag, wobei sie sich tagsüber aus Schutz vor Feinden eher auf dem Wasser aufhält und nachts „erntet".

____ Mit über zwei Kilogramm Gewicht ist die Eiderente die schwerste Meeresente. Die Ente ist unauffällig braun, während der Erpel ein auffälliges schwarz-weißes Federkleid trägt. Auch wenn nur etwa 6000 Eiderenten im Wattenmeer brüten, herrscht von Juni bis Oktober ein ziemliches Gedrängel. Dann nämlich kommen rund 250 000 Exemplare aus dem Ostseeraum ins Watt, denn nur hier sind sie während der Mauser störungsfrei. Im Übrigen leitet sich ihr Name auch nicht vom Fluss Eider ab, sondern vom isländischen Gott Ägir ...

____ Ebenfalls zur Mauser – in dieser Zeit kann sie nicht fliegen – hält sich auch die außerordentlich hübsche Brandgans mit ihrem mehrfarbigen Federkleid und dem auffällig roten Schnabel im Wattenmeer auf. Allein im Dithmarscher Watt sind es 200 000 Tiere. Riesige Vogelschwärme am Himmel ziehen unweigerlich die Blicke der Menschen auf sich. Durch die zumeist helle Bauch- und dunklere Oberseite scheinen sich im Schwarmflug bei Richtungsänderungen Muster und Wellen zu zeigen.

____ Der häufigste Zugvogel im Frühjahr und Herbst ist der kleine Alpenstrandläufer – rund 1,3 Millionen Vögel sind pro Saison anwesend und hinterlassen auf dem Strand ihre typische, wie mit einer Nähmaschine gezogene Spur.

____ Eine der Vogelarten mit dem längsten Weg zwischen Brut- (Ostkanada und Nordsibirien) und Überwinterungsplatz (Westeuropa und Westafrika) ist der Knutt. Auch er tritt meist in Schwärmen auf. Vor seiner rund 4000 Kilometer langen Reise frisst er so viele Muscheln und Schnecken im Watt, dass er sein Gewicht von 140 auf 240 Gramm fast verdoppelt.

____ Einen etwas traurigen Rekord hält der Kiebitz. Sein Ruf „Kie-Witt" und sein rasanter Sturzflug führen zwar dazu, dass er leicht wahrgenommen wird, durch landwirtschaftliche Nutzung von Wiesen und den Einsatz von Pestiziden werden jedoch so viele Gelege zerstört und Nahrungsgrundlagen entzogen, dass ihr Bestand extrem rückläufig ist.

Die Welt mit Kinderaugen entdecken. Kaum jemand lässt sich so unvoreingenommen auf die Natur ein – nachahmenswert für jedes Alter!

____ Der Austernfischer ist der auffälligste und ganzjährig anwesende Vogel im Watt. Aufgrund seiner Ähnlichkeit mit dem Weißstorch (langer roter Schnabel, rote Augen, schwarz-weißes Gefieder), seiner schieren Masse (rund 500 000 Exemplare überwintern im Watt) und seiner Streitlust (Austernfischer verteidigen ihren Brutplatz, den sie ein Leben lang benutzen, vehement) kennt ihn fast jeder Besucher von St. Peter-Ording.

____ Ebenfalls auffällig ist der Große Brachvogel. Mit fast einem Meter Flügelspannweite ist er der größte Schnepfenvogel Europas. Sein herausstechendes Merkmal jedoch ist der lange Schnabel von bis zu 19 Zentimetern – und das bei 50 Zentimetern Körperlänge! Sein flötender Ruf prägt während des gesamten Jahres bei Tag und Nacht die Akustik des Wattenmeers.

____ Die mit Abstand bekannteste Vogelart ist die Möwe, deren lautes Rufen wohl jeder mit der Küste verbindet. Die größte Brutvogelkolonie im Wattenmeer überhaupt bildet mit rund 130 000 Paaren die Lachmöwe – zu erkennen an der schwarzen Kopfhaube (von August bis März lediglich ein schwarzer Fleck am Ohr). Die begnadeten Flugkünstler kann man allerdings auch ganz profan am Hafen, auf Äckern, Wiesen oder Müllkippen sehen ...

FÜR DEN OFFENEN BLICK.
SPAZIEREN GEHEN KANN SELBSTVERSTÄNDLICH JEDER, UND DAS EIGENTLICH FAST ÜBERALL IN ST. PETER-ORDING. WER DEN BLICK FÜR DIE BESONDEREN KLEINHEITEN, DIE DIESEN ORT AUSMACHEN, AUCH IN DER NATUR SCHÄRFEN UND GANZ NEBENBEI KLÜGER WERDEN MÖCHTE (ZUMINDEST EIN KLEINES BISSCHEN), DEM SEIEN DIE GEFÜHRTEN WANDERUNGEN DER TOURISMUSZENTRALE EMPFOHLEN. MACHT SPASS, MACHT SCHLAU, MACHT ENTSPANNT!

Bleiben noch die Säugetiere. Mit ganz viel Glück kann man Kegelrobben oder Seehunde im Wasser oder am Strand entdecken. Und auch zwei Walarten: den Weißschnauzendelfin und den Schweinswal. Letztere sind übrigens fast immer zu zweit unterwegs. Während der Wanderungszeit oder bei ergiebigen Nahrungsgründen bewegen sie sich aber auch in größeren Gruppen. Dann, so heißt es, schwimmen für jeden Schweinswal, den man sieht, fünf bis zehn Tiere mit, die man nicht sieht ... Leider steht der rund zwei Meter lange Wal – die kleinste Walart in offenen Gewässern – auf der Roten Liste gefährdeter Tierarten in Deutschland.

BOY JÖNS, DER BERNSTEINFINDER

WER SICH MIT ST. PETER-ORDING BESCHÄFTIGT, KOMMT AN BOY JÖNS NICHT VORBEI. SCHON AUF DEM VORPLATZ DER PROMENADE IN BAD PRANGT SEIN NAME IN GROSSEN LETTERN AM SCHWEDENROT GESTRICHENEN LADEN DIREKT NEBEN GOSCH. AUCH IN DORF KENNZEICHNET SEIN NAME EIN HÜBSCHES ALTES HAUS, UND DANEBEN VERWEIST EIN MUSEUMSSCHILD DARAUF, UM WAS ES IN SEINEN LÄDEN EIGENTLICH GEHT: BERNSTEIN.

Das „Gold der Nordsee" prägt sein Leben – und das seit Generationen und seit seiner Geburt. Die wurde nämlich eingeleitet, weil Mutter Jöns befand, der Nachwuchs in ihrem Bauch sei langsam überfällig. Und weil der letzte Sturm sowieso gerade einen Tag her war – perfekt zum Bernsteinsammeln –, zog sie mit ihrem Mann raus auf die Sandbank. Ob es das ständige Bücken war, die Neugierde oder einfach Natur: Wenige Stunden später erblickte Boy Jöns das Licht der Welt.

Das Gold des Meeres – hier liegt es im wahrsten Wortsinne vor den Füßen. Boy Jöns ist der beste Entdecker und größte Fan.

AUCH WER EIGENTLICH KEIN FREUND VON BERNSTEIN IST, BLEIBT FASZINIERT VOR DER SCHÖNEN AUSLAGE MIT DURCHAUS MODERNEN STÜCKEN STEHEN. SCHON DIE URGROSSMUTTER SAMMELTE DAS VERSTEINERTE HARZ AM STRAND UND VERKAUFTE ES AB 1911 IN IHREM KOLONIALWARENLADEN AUS DER KAFFEEBÜCHSE. 1925 ÜBERNAHM DER GROSSVATER DEN LADEN, AUCH FÜR IHN WAR BERNSTEINSAMMELN EIN HOBBY. FRIESISCHE KERAMIK BESTIMMTE NUN DEN VERKAUF, DIE STEINE WAREN NUR BEIWERK. ERST BOY JÖNS UND SEINE FRAU SPEZIALISIERTEN SICH GANZ AUF DEN BERNSTEIN – UND DAS MIT ALLER KONSEQUENZ: INZWISCHEN GIBT ES ZWEI LÄDEN, EINE SCHAUWERKSTATT, WORKSHOPS ZUM SELBSTSCHLEIFEN FÜR KINDER UND ERWACHSENE UND DAS ANGESCHLOSSENE BERNSTEINMUSEUM. AUS DER LIEBE ZUM MATERIAL ENTSTAND EIN KLEINES IMPERIUM.

Mit Boy Jöns ein kurzes Gespräch führen zu wollen ist quasi unmöglich. Zu viele Anekdoten sind ihm bekannt, zu viel Wissen will er weitergeben. Überhaupt erklärt er gern, ganze Schulklassen hängen gebannt an seinen Lippen. Dazu liebt er das Handwerk und das Gegenüber, den Kontakt zu den Menschen, die er stets individuell berät.

WOHER STAMMT EIGENTLICH DER NAME BERNSTEIN?

Aus einer Konsonantenverschiebung. Ich zeig Ihnen mal eben was. (Boy Jöns steht auf, geht zur Werkbank, schnappt sich ein kleines Steinchen und hält ein Feuerzeug darunter. Es brennt). Sehen Sie? Ursprünglich hieß er Brennstein. Die Buchstaben R und E wurden vertauscht, ein N weggelassen, schon haben wir den Bernstein. (Inzwischen brennt die Flamme heller. Jöns fährt mit dem Finger darüber.) Sehen Sie mal: Das rußt wie eine schlechte Kerze. Der Ruß kommt vom Kohlenstoff, aus dem der Bernstein zu 80 % besteht. 10 % sind Sauerstoff, 10 % Wasserstoff. (Jöns pustet die Flamme aus und betrachtet sinnend seinen rußgeschwärzten Finger.) Kein Wunder, dass er gut brennt.

WOHER BEKOMMEN SIE EIGENTLICH DEN GANZEN BERNSTEIN, DEN SIE HIER VERARBEITEN?

Den kaufen wir ein, von Sammlern, Fischern, Küstensaugbaggern und Ähnlichem. Die meisten Steine, die wir aktuell verarbeitet haben, stammen aus dem Bau der 4. Elbtunnelröhre!

SAMMELN SIE DENN GAR NICHT SELBST?

Doch, klar, wenn's die Zeit zulässt. Aber Steine, die ich selbst finde, werden nicht verwendet. Die sind mir sozusagen heilig.

WIE BEMISST SICH DER WERT EINES STEINS?

Da gibt es mehrere Kriterien: Inklusen, also Einschlüsse, Farbe und natürlich Gewicht. Einen Brocken von einem Kilogramm findet man nur etwa alle zehn Jahre mal – mein größter Fund liegt knapp darunter.

GIBT ES BESTIMMTE ZEITEN, WANN SICH DAS SUCHEN LOHNT?

Klar gibt es die! Am besten sind rund 24 Stunden nach einer Sturmflut. Wenn's West- oder Nordwestwind gibt. Der spült den Bernstein bei Sturm dicht unter Land, und die nächste Flut hebt die Steine an den Strand. Wer dann mit offenen Augen sucht, hat meist Glück.

VERRATEN SIE UNS AUCH BESONDERS GUTE PLÄTZE, ODER SIND DIE GEHEIM?

(Jöns lacht.) Nee, das kann ich schon verraten. Gute Fundstellen sind in Bad am Ende der Promenade – 500 Meter nach rechts Richtung nächster Pfahlbau. Oder auch weiter nördlich, an der Ordinger Spitze Richtung Westerhever. Man sollte nach so schwarzem Krümelkram Ausschau halten – das hat das gleiche Gewicht wie Bernstein. Dazwischen liegen die meisten Steine.

Boy Jöns' Bernsteinmuseum und Laden in Dorf.

KANN ICH DENN AUCH MIT MEINEM EIGENEN STEIN ZU IHNEN KOMMEN?

Aber ja! Den Stein können Sie hier unter Anleitung fachmännisch schleifen. Noch schöner für uns: mit Kunden eigenen Schmuck zu entwickeln. Ein persönlicheres Geschenk oder Andenken gibt's einfach nicht. Grundsätzlich arbeiten wir ja mit 25 verschiedenen Goldschmieden zusammen. Hauptsächlich aus Schleswig-Holstein, aber auch aus ganz Europa. Wissen Sie, Bernstein polarisiert. Die einen mögen ihn, die anderen finden, das sind Klunker für Oma. Aber wenn man dann zeigt, was man alles Tolles und Modernes daraus machen kann, sind viele Skeptiker doch begeistert. Das ist klasse.

WAS WAR DENN DER SKURRILSTE FUND, AN DEN SIE SICH ERINNERN?

Das war mit meiner Tochter, damals war sie acht. Im Winter waren wir nach einer Sturmflut unterwegs. Sie suchte immerzu in einem kleinen Flecken mit schwarzen Krümeln rum und fand auch einige Steine. Na ja, Steinchen eher. Einige Meter vor uns sah ich jemanden, der ebenfalls suchte und regelmäßig etwas aufhob – deutlich größere Stücke, wie Walnüsse, das konnte ich erkennen. Ich dachte, die sind doch toller, und wollte meiner Tochter das Erfolgserlebnis gönnen, deshalb wollte ich gern weiter. Das ist ja auch ein bisschen Jagdinstinkt. Aber meine Tochter wollte partout nicht. Ihr reichten das kleine Fleckchen und die kleinen Steinchen. Und dann zeigte sie mir was. „Guck mal, Papa, was ich hab!" – Noch ein kleiner Stein, aber mit einem Loch drin. Und die Bohrstelle war zylindrisch geformt. Eindeutig: Das war ein ganz altes Schmuckstück, das Loch wurde schon in der Steinzeit gebohrt! Das haben wir von Fachleuten untersuchen und bestätigen lassen. Der Stein liegt jetzt oben bei uns im Museum.

Wozu Steine sammeln, wenn das Meer deren Schönheit in sich trägt?

Abendstimmung nach dem Sturm. Am nächsten Tag wird man hier harzige Schätze heben können.

SPORTLICHES ZUSAMMENSPIEL

3

Farbenfroh macht alle glücklich: Sofern man seinen Schirm im Blick hat und die Leinen sich nicht ins Gehege kommen, hat jeder Spaß.

WENN WIND UND WILLE SICH TREFFEN – EIN SELBSTVERSUCH

TIEF UNTEN IST DER SITZ. NUR WENIGE ZENTIMETER ÜBER DEM SAND. DER OVERALL IST UNGEWOHNT, DER HELM EBENFALLS. VOR MIR RASEN SEGEL ÜBER DEN SAND. HINTER MIR BLÄHEN SICH BUNTE KITES. FÜR BEIDES HABE ICH KEINEN BLICK ÜBRIG. UM MICH HERUM PFEIFT DER WIND – 5 BEAUFORT SIND ANGESAGT. DIE WIMPEL AM STRAND KNATTERN VOR SICH HIN, DIE INSTRUKTIONEN DES LEHRERS SIND KAUM ZU VERSTEHEN.

Ich setze mich auf das filigrane Gestell. Ein paar Rohre, längs und quer miteinander verbunden, darauf die Sitzschale. Drei Räder. Das vordere lächerlich klein. Vor mir der Mast. Hinter mir mein Sicherungspartner. In meiner Hand die Schot. In seiner Hand eine Leine, die mit meinem Gefährt verbunden ist. Der Parcours ist abgesteckt, der Kurs klar. Vorsichtig fiere ich die Schot ein bisschen, gebe zentimeterweise Leine, sodass der Wind ins Segel greifen kann. Ich fahre! Tatsächlich! Es kommt mir alles ganz einfach vor. Mein Partner hinter mir geht mit. Ein komisches Gespann müssen wir abgeben, wie Hund und Herrchen – aber der Hund ist im Zweifel sicher stärker. Bald schon beginnt das Herrchen zu joggen. Schon bin ich an der Wendemarke. Muss mit dem Vorderrad durch den Wind, sodass dieser für mich von der anderen Seite weht. Kenn ich – denke ich. Und bleibe prompt stehen. Obwohl es ordentlich weht. Da habe ich das Segel wohl doch nicht schnell genug auf die andere Seite geholt, die Kurve nicht eng genug gefahren. Oder zu eng? Ist ja auch ungewöhnlich, mit den Füßen zu lenken. Ein bisschen wie in einem Kajak. Oder Kettcar – aber wie viele Jahrzehnte ist das her, dass wir damit über die Straßen gegurkt sind? Egal. Noch ehe ich einen Fuß auf den Strand setze, um mir wieder Schwung zu holen, gibt mir mein Partner einen Schubs. Sofort geht es weiter. Ich sitze recht gemütlich in der Schale, er rennt hinterher. Inzwischen recht schnell. Sein Keuchen kann ich allerdings nicht hören, zu laut der Wind, zu dumpf das Rumpeln der Räder über den harten Sand, zu gut die Isolation durch den Helm. Die nächste Kurve kommt, ich trete das linke Pedal voll durch, rausche in einem eleganten Bogen dahin und komme vor der Instrukteurin zum Stehen. Geschafft!

Schon wenige Zeit später darf ich ohne Begleiter los. Die Kurven klappen immer besser, die Geschwindigkeit ist für ein mit Segeln angetriebenes Fahrzeug enorm – locker über zehn Stundenkilometer auf gerader Strecke. Irre. Dazu das Gefühl, mit der Natur zu kooperieren. Würde ich mich nicht so stark konzentrieren – ich würde schreien vor Vergnügen.

Stimmt die Windrichtung? Die Schot? Die Bahn ist frei? Nur noch ein kurzer Spurt, schon segelt man über den Strand.

F 320

STRANDSEGLER SIND SCHNELLE, WENDIGE SEGELWAGEN, DIE VON JEWEILS EINER PERSON MIT EINER SCHOT UND EINER FUSSSTEUERUNG ÜBER PEDALE GELENKT WERDEN. BEI GUTEM WIND ERREICHEN AUCH ANFÄNGER DURCHAUS GESCHWINDIGKEITEN VON 50 STUNDENKILOMETERN UND MEHR. DER REKORD LIEGT DERZEIT BEI 202,9 STUNDENKILOMETERN, ERREICHT AUF EINEM SALZSEE IN DER WÜSTE VON NEVADA. IN ST. PETER-ORDING SIND SPRINTS MIT 130 STUNDENKILOMETERN KEINE SELTENHEIT. HIER KANN JEDER STRANDSEGELN LERNEN. IN EINTÄGIGEN SCHNUPPERKURSEN WERDEN DIE GRUNDLAGEN VERMITTELT; WER TIEFER EINSTEIGEN UND SCHNELLER SEGELN LERNEN MÖCHTE, BUCHT EIN WOCHENENDE. INTENSIV GENUTZT, ERHÄLT MAN AM ENDE EINE STRANDSEGELLIZENZ, MIT DER MAN ZUKÜNFTIG EIGENSTÄNDIG DIE FLOTTEN KISTEN MIETEN KANN. WER NICHT SELBST WINDGETRIEBEN DAHINFLITZEN MÖCHTE, KANN SICH AUCH NUR BEIM ZUGUCKEN AM ZUSAMMENSPIEL VON GEFÄHRT UND NATUR ERFREUEN – BEISPIELSWEISE BEI DEN JÄHRLICH STATTFINDENDEN NATIONALEN WIE INTERNATIONALEN REGATTEN. BESONDERS SPEKTAKULÄR SIND HIER DIE DUELLE AN DEN WENDEMARKEN.

Ab und zu rausche ich durch eine flache Meerwasserpfütze. Dann stieben die Wassertropfen hoch, benetzen mein Gesicht, die Hände, den Overall. Der für die Strandsegler reservierte Abschnitt scheint endlos, die Bahnmarken werden zur sportlichen Herausforderung – bis ich übermütig werde und mein eines Hinterrad durch die Fliehkräfte abhebt. Hoppla. So war's nicht gedacht. Automatisch lege ich mein Gewicht zur Seite und lande wieder – wenn auch recht unsanft. Na gut, es ist ja noch kein Meister vom Himmel gefallen. Doch für den ersten Tag fühlt sich das Ergebnis einfach klasse an. Fühle ich mich dazugehörig zu der Gruppe der schnellen Flitzer, die ich bisher mit leichtem Neid nur beobachtet hatte und die ich jetzt auch wieder um mich herum wahrnehme. Mir wird ein seliges Grinsen attestiert – den ganzen Abend noch bleibt es in meinem Gesicht.

Einmal jährlich trifft sich die Kite-Elite zum Worldcup auf dem Ordinger Strand, doch die Kiter kann man hier beinahe täglich treffen. Fun!

ZUM ABHEBEN GUT: KITEN UND SURFEN

KITEN UND SURFEN SIND SICH GANZ SCHÖN ÄHNLICH: BEIDES FINDET AUF DEM WASSER STATT. FÜR BEIDES BENÖTIGT MAN EIN BOARD, AUF DAS MAN DIE FÜSSE PLATZIERT. BEIDES IST SCHNELL, UND BEI BEIDEM KANN MAN – HOHE KÖPERBEHERRSCHUNG VORAUSGESETZT – FANTASTISCHE KUNSTSTÜCKE UND LUFTSPRÜNGE VOLLBRINGEN. BEIDES IST EXTREM ZUSCHAUERFREUNDLICH, DA ES IN STRANDNÄHE STATTFINDET, UND BEIDES SCHEINT EINE MENGE SPASS ZU MACHEN.

Damit hören die Gemeinsamkeiten allerdings auch auf. Historisch betrachtet, ist Surfen der ältere Sport. Auf dem Board ist ein kleiner Mast, daran sind Gabelbaum und Segel befestigt. Den Gegendruck fürs Segel hält der Mensch – mit seinem Körpergewicht, letztlich aber nur mit den Armen.

Kiter hingegen haben die Lenkstange, „Bar", deren Schnüre den hoch über ihnen fliegenden Kite halten, an einem Trapezgurt an der Hüfte befestigt. Nichtsdestotrotz verlangt auch dieser Sport ein hohes Maß an Kraft und Ausdauer, besonders, wenn man gewagte, zum Teil über zehn Meter hohe Sprünge und Drehungen vollführt. Am besten übrigens zu beobachten beim jährlich im August stattfindenden Kite Worldcup am Ordinger Strand.

North

Das Feeling stimmt: Nur 6000 Meilen entfernt liegt Hawaii ...

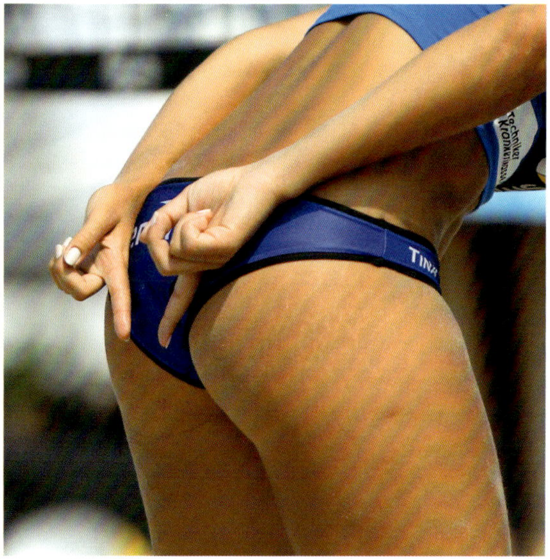

BEACHVOLLEYBALL

Hinter dem Rücken werden dem Partner geheimnisvolle Zeichen gemacht. Akrobatisch anmutende Hechtbagger entscheiden über Sieg und Niederlage. Volleys fliegen passgenau durch die Luft. Fast wie ein Streicheln scheint es, wenn die Fingerspitzen den Ball nur berühren und hoch in die Luft pritschen – um dann sofort durch den Partner knallhart übers Netz geschmettert zu werden.

Erinnerungen an frühere Volleyballversuche – verschwitzte, muffige Turnhallenatmosphäre, verpatzte Bälle, die lieber ins Netz als ins gegnerische Feld flogen, schmerzende Unterarminnenseiten oder das Gefühl geprellter Finger – lösen sich, bösen Geistern gleich, in der Sonne auf.

Auch mit den allseits bekannten Selbstdarstellern, deren Priorität deutlich intensiver auf äußeres Auftreten denn auf echtes Ballgefühl schließen ließ, hat dieses intensive, schnelle Spiel rein gar nichts zu tun. Hier geht es um perfekt aufeinander abgestimmtes Zusammenspiel von je zwei Zweierteams, die sich auf höchstem Niveau die Bälle um die Ohren hauen. Den Zuschauer freut's, den Veranstalter ebenso, und weil die Stimmung passt, findet das Turnier alle Jahre wieder statt.

smart-beach-tour.de
smart
DVV
LEIBNIZ
fit
Cellagon
Cellagon
smart

LAUFEN

Die Zahl derer, die regelmäßig die Laufschuhe schnüren und sich im lockeren Trab durch die frische Luft bewegen, geht in die Zehntausende. Wer darüber hinaus die Herausforderung des Wettkampfs sucht, kann beim jährlich stattfindenden „Gegen den Wind Halbmarathon" mitmachen. Über 500 Starter melden sich zum Lauf im Juni, ein paar Profis sind meist auch dabei. Und schnell erkennt man: Ein Halbmarathon außerhalb von Häuserschluchten von Berlin, New York oder Hamburg bietet völlig neue Qualitäten: ungebremsten Wind, wechselnden Untergrund und einen endlos weiten Blick über die Strecke. Und wer sich danach nicht ausgelastet fühlt, versucht sich einfach im „Gegen den Wind Triathlon"!

ÜBER DEM WATT – PFAHLBAUTEN & PROMENADE

4

HISTORIE INKLUSIVE

MAN NEHME EINEN SCHÖNEN STRANDABSCHNITT, RUND 165 PFÄHLE VON CIRCA 30 ZENTIMETERN DURCHMESSER, RAMME DIESE GUT FÜNF METER TIEF IN DEN SAND, LASSE DABEI MINDESTENS FÜNF METER PFAHL NACH OBEN RAGEN, VERSTEIFE DIESE KONSTRUKTION DURCH KRÄFTIGE QUERSTREBEN VON 15 X 10 ZENTIMETERN (2 PRO BALKEN) UND SETZE EIN HÄUSCHEN NACH BELIEBEN OBENDRAUF – FERTIG IST DER PFAHLBAU! NACH DIESEM REZEPT WERDEN IN ST. PETER-ORDING SEIT MEHR ALS 100 JAHREN DIE BERÜHMTEN WAHRZEICHEN ERRICHTET.

ALS ENDE DES 19. JAHRHUNDERTS DER BADEBETRIEB AUF DER SANDBANK VOR ST. PETER BEGANN, WAR ZWAR UNBEFANGENES TOLLEN IN DEN ANROLLENDEN WELLEN DAS ZIEL, DOCH UM DORTHIN ZU GELANGEN, WAR ZUNÄCHST EIN ZÜCHTIGER BADEANZUG FÜR MANN UND FRAU PFLICHT. AUCH DAS UMKLEIDEN SOLLTE DERGESTALT VONSTATTEN GEHEN, DASS NIEMAND BLICKE AUF ALLZU VIEL HAUT WERFEN KONNTE. DIE FINDIGEN ST. PETERANER KONSTRUIERTEN DARAUFHIN BADEKABINEN, DIE JE NACH SAISON UND FLUT AM STRAND HIN UND HER BEWEGT WERDEN KONNTEN. DAZU GESELLTEN SICH ERFRISCHUNGSSTÄNDE, DIE GLEICHFALLS MOBIL GEHALTEN WAREN – DENN DAS MEER WAR DAMALS WIE HEUTE TAKTVOLLER DIRIGENT DER JEWEILS BEVÖLKERTEN STRANDABSCHNITTE.

Jeder der fünf großen Strandabschnitte beherbergt heute weithin sichtbar drei Pfahlbauten – wobei kein einziger mehr als Umkleidekabine dient. Je ein Restaurant, ein Toilettenpfahlbau und eine Badewachtstation bilden das luftige Immobilienensemble. Wobei die Toiletten naturgemäß die uncharmantesten darstellen, die Badewachtstationen eher in den Sommermonaten Beachtung finden (wenngleich nicht unbedingt großen Andrang) und die Restaurants das Tüpfelchen auf dem i darstellen – zumal sie eindeutige Nachfahren der ersten Erfrischungsstände sind.

IRGENDWANN JEDOCH REICHTE ES DEN BESITZERN DER MOBILEN IMBISSSTÄNDE. DAS EWIGE HIN UND HER WAR MÜHSAM – WARUM ALSO NICHT BESSER EINE FESTE STATION BILDEN, ZU DER DIE MENSCHEN HINPILGERN, STATT DEN BADENDEN HINTERHERZULAUFEN? AUS DER IDEE DES ERSTEN STRANDPAVILLONS ERWUCHS IM JAHRE 1911 EINE BUDE AUF – AUS HEUTIGER SICHT – DÜNNEN PFÄHLEN, WO MAN NACH DEM BADE ETWAS ZU SICH NEHMEN KONNTE, WO ES WAS GAB – „WATT GIV" –, DAS STÄRKTE: COGNAC NÄMLICH. DAHER ERWUCHS DER BEZEICHNENDE NAME „GIFTBUDE". RUND DREI METER MUSSTEN DIE HUNGRIGEN UND DURSTIGEN BESUCHER ÜBER EINE ART HÜHNERLEITER ZURÜCKLEGEN, BIS SIE ZUM GEWÜNSCHTEN KAMEN. UND SO UNKONVENTIONELL UND LEICHT DIE UNTERKONSTRUKTION AUS HEUTIGER SICHT AUCH ANMUTET: SIE HIELT IMMERHIN 24 JAHRE, BIS EINE STURMFLUT SIE 1935 ZU FALL BRACHTE.

Jeder Pfahlbau ist im Prinzip gleich, und doch ist jeder anders. Licht und Wasser übernehmen Ton- und Bildregie.

Freiheit. Frische. Ferien. Pfahlbauten sorgen seit mehr als 100 Jahren für das dazugehörige leibliche Wohl.

Der Weg ist ebenso das Ziel, wie das Ziel den Weg bestimmt.

Die einfachen Erfrischungsbuden von einst sind inzwischen zu veritablen Restaurants geworden, die sich regelmäßigen Frischkuren unterziehen. Anstelle der legendären Giftbude erstand 1972 die Silbermöwe, die bis heute von besonders urigem Charme zeugt – Fischernetze, Rettungskragen, Treibgut bilden den Hintergrund einer urgemütlichen Familienatmosphäre, die so manchen Filmregisseur überzeugte.

AUCH WENN DIE GIFTBUDE NACH RELATIV KURZER ZEIT EINES NATÜRLICHEN, WENNGLEICH GEWALTSAMEN TODES VERSCHIED, FAND DAS PRINZIP DER HÄUSER AUF STELZEN BALD NACHAHMER: 1935 WURDE ALS ERGÄNZUNG ZUR BEREITS VORHANDEN BADEKABINE EINE ERFRISCHUNGSBUDE ERRICHTET – DER VORGÄNGER DER HEUTIGEN ARCHE NOAH AM STRAND VON BAD.

Nicht nur, dass man beim Essen auf gehobenem Niveau in der Arche Noah trocken bleibt (ohne auf dem Trockenen sitzen zu müssen), die Arche kann bei fast jedem Wetter auch trockenen Fußes erreicht werden – die 1,2 Kilometer lange Promenade sorgt dafür. Zur absoluten Wohlfühl-Atmosphäre gehört übrigens hier, dass abends nur Kerzenschein die Räumlichkeiten erhellt – damit nichts vom Sonnenuntergangsfeeling ablenkt ...

Ganz anders sieht es einige Kilometer weiter südlich aus. Bei guten Windbedingungen und Hochwasser kann es durchaus vorkommen, dass Restaurantbesucher der Seekiste auf dem Böhler Sand Kitesurfer um die Pfähle rauschen sehen. Das Restaurant, das sich ganz der heimischen Küche verschrieben hat, verbindet familiäre Gemütlichkeit mit Ruhe und Gelassenheit – passend zu „seinem" Strandabschnitt vor Böhl, der seit jeher familien- und naturschutzorientiert war.

Definitiv anders geht es vor Ording zu, in der Strandbar 54° Nord, ehemals unter dem Namen Doris Strandcafé zu legendärem Ruf gelangt. Hier ist wohl der sportlichste Abschnitt der Sandbank, überbietet sich die Kitesurfelite in wilden Sprüngen und waghalsigen Moves. Gerade an so jungen, aktiven Orten wie der Strandbar ist Tradition ein wichtiges Bindeglied: So werden auch heute noch die Waffeln nach Mutters Rezept gebacken – chilliger kann es bei Live-Musik und einem Getränk kaum sein.

Die jüngste Eröffnung im Reigen der Pfahlbauten liegt zwischen Böhl und Bad, vis-a-vis des Ortsteils Dorf. Hier hat sieben Meter über dem Alltag die exquisite Kochkunst ihren Auftritt. Lottis Kajüte – einst ein einziger Raum im Pfahlbau der Strandaufsicht – wurde zur lichtdurchfluteten Strandhütte umgebaut, wobei die herzliche Atmosphäre der legendären Lotti erhalten blieb. Tagsüber gibt es kleine Köstlichkeiten, abends kulinarische Kreationen im Rhythmus der Saison.

DASS DIE PFAHLBAUTEN TROTZ IHRER INZWISCHEN STABILEN KONSTRUKTION IMMER NOCH DEN LAUNEN DER NORDSEE UNTERWORFEN SIND, ZEIGT SICH ÜBRIGENS SEHR PASSEND AN DER SILBERMÖWE, EBENJENEM NACHFOLGER DER GIFTBUDE: 1995 HATTE DIE STRÖMUNG DIE UFERKANTE SO WEIT VERSETZT, DASS DER PFAHLBAU AUS SICHERHEITSGRÜNDEN MITHILFE ZWEIER KRÄNE 200 METER LANDEINWÄRTS GESETZT WURDE.

AXEL UND UWE KIRCHNER, DIE HERREN DER LÜFTE

FAMILIENBANDE KÖNNEN DIE SELTSAMSTEN LEBENSWEGE SCHAFFEN. ZWEI BRÜDER, BEIDE AUFGEWACHSEN IN ST. PETER, GEHEN NACH DER SCHULE GETRENNTE WEGE.

Der eine, Axel, super organisiert, immer im Plan, möchte richtig gut kochen lernen. Hauben, Sterne, Punkte im „Gault Millau", ein eigenes, schickes Restaurant – das sind seine Träume. Das – und die Berge. Daher zieht er direkt nach der Lehre nach Garmisch, München, in die Schweiz.

Beim anderen, Uwe, leicht chaotisch, locker, stets die Gäste vor Augen, liegt der Fokus auf dem Geschäft – und auf dem Leben am Strand. Er bleibt länger am Ort, geht auch mal weg, um auszubrechen und Neues zu sehen (in die Karibik, wo er seine Liebe zum Wasser und zum Segeln entdeckt), kommt nach fünf Jahren wieder zurück, sieht das Potenzial seines Heimatortes und weiß, dass Touristen überall immer eines haben: Lust auf einen schönen Urlaub mit lockerer Gastronomie.

Nachdem er den alten Pfahlbau Doris Strandcafé im Jahre 2007 übernommen und in Strandbar 54° Nord umbenannt hat, reißt er ihn nach sechs Jahren ab, baut ihn unter modernen Aspekten noch einmal völlig neu auf – und holt damit das chillige Flair der großen, weiten Welt nach Ording. Einige Jahre später ist ein weiterer Pfahlbau zur Pacht ausgeschrieben: die Strandburg, ex Lottis Kajüte. Sofort denkt Uwe an seinen Bruder und überredet ihn, ebenfalls in der ersten Reihe zu eröffnen. Was folgt, ist ein eigenhändiger Renovierungs- und Umbaumarathon. In der ersten Saison noch mit Currywurst aus der Hand, wird im Jahre 2011 in nur vier Monaten aus der ehemaligen Bude ein veritables Restaurant: die Strandhütte.

Inwieweit neben Einrichtung und kulinarischer Ausrichtung Pfahlbauten ganz besondere Locations sind, erzählen die Brüder in einem Interview.

Entspannt sitzen wir auf der Terrasse der Strandhütte und genießen den weiten Blick übers Watt. Um uns herum wird für eine Veranstaltung eingedeckt. Unter uns röhrt die Kreissäge.

GUTEN MORGEN, DIE HERREN! AUS GEGEBENEM ANLASS GLEICH DIE ERSTE FRAGE: WIE OFT SIND DENN ARBEITEN AN EINEM PFAHLBAU NÖTIG?

AK: Das, was gerade gemacht wird, ist die Vergrößerung meines Kellers – nach unten. Aber der liegt dann immer noch drei Meter über dem Sand.

UK: Die Novemberstürme bringen die Nordsee so in Rage, dass die Stege von den Wellen zermalmt werden könnten ... deshalb müssen unsere Zugangsstege zum Herbst hin immer abgebaut und nach den Sturmfluten im Frühjahr wieder angebracht werden.

MÜSSEN SIE DAFÜR AUFKOMMEN?

UK: Nein, wir haben die Bauten ja von der Tourismus-Zentrale gepachtet, die ist für den Unterhalt verantwortlich. Das ist ein super Zusammenspiel mit denen, die wissen, was zu tun ist. Wir haben seinerzeit jeweils kräftig in die Bauten oben investiert und haben uns mit der TZ super arrangiert.

AK: Die Zusammenarbeit mit der Gemeinde ist wirklich prima – hier arbeiten alle mit Herzblut. Zum Anfang der Saison haben mir die Mitarbeiter der TZ die Treppen über Nacht angebaut, damit ich rechtzeitig starten kann. Wir haben ja auch ganz langfristige Pachtverträge. Eigentlich haben wir die Pfahlbauten quasi geheiratet.

KURZ ZURÜCK ZU DEM, WAS SIE VORHIN GESAGT HABEN: IM GRUNDE HABEN SIE ALSO EINEN LUFTKELLER?

AK: Genau, etwas ungewöhnlich – und als Weinkeller unmöglich; ich weiß ja nie, wie hoch die Flut steigt. Nordseewasser im Weinkeller passt nicht so gut.

Strahlende Gastgeber: Der eine (Uwe) bleibt lieber im Hintergrund, der andere (Axel) kommt nach vorn, wo ihn die Gäste sehen, sprechen, begrüßen möchten. Spaß am Job haben beide.

54° N
STRANDBAR
JEVER

Licht- und Wolkenstimmung wie bei Turner. Die Natur malt stündlich andere Bilder an diesem magisch anmutenden Ort.

WIE HOCH STEIGT DAS WASSER DENN HIER?
AK: In der Regel hab ich bei Springflut nur knietiefes Wasser. Aber es kann eben auch deutlich höher steigen.
UK: Die Strandbar steht als einziger Pfahlbau bei jeder Flut wirklich im Wasser. Deshalb auch der lange Bohlenweg.

EIN RESTAURANT DER GEHOBENEN KLASSE OHNE WEINKELLER: WIE GEHT DENN DAS?
AK: Na ja, das ist natürlich nicht ganz einfach, und normal sowieso nicht. Aber ich habe eine Lösung in Hamburg gefunden. Vor dort wird mir mein Bedarf wöchentlich geliefert. Bei dieser speziellen Location muss man immer nach besonderen Lösungen suchen. Manche Probleme hat man am Anfang auch einfach nicht im Blick.

NÄMLICH WELCHE?
UK: Die Mitarbeiter müssen hochflexibel sein, weil wir je nach Wetterlage unsere Strandbar von extrem ruhig bis zum Überlaufen gefüllt erleben. Das ist wirklich nicht einfach, sich immer wieder neu darauf einzustellen. Zum Glück arbeite ich mit den meisten meiner Mitarbeiter schon seit über zehn Jahren zusammen! Nur deshalb schaffen wir es, meine Philosophie „schönen Urlaub" anzubieten, eigentlich bei jedem Wetter umzusetzen.
AK: Bei Sturmflut ist die Strandhütte nicht zu erreichen. Sobald das Wasser weg ist, müssen wir aber ad hoc und ganz schnell wieder alles vorbereiten – da kommt das Personal manchmal noch bevor ich anrufen kann, einfach so, weil die mitdenken.

UND WAS MACHT EINEN PFAHLBAU NOCH BESONDERS?
UK: Bei mir kommen die Menschen schon entspannt an. Ich glaube, es ist der Weg über den Steg, der sie entschleunigt. Die freuen sich dann einfach, da oben zu sitzen, den tollen Blick zu haben, das Meer um sie herum, und nichts tun zu müssen. Ich glaube, unsere Gäste merken, dass wir wirklich alles selbst gemacht haben – bis hin zur Einrichtung. Das ist nicht immer perfekt, aber eben gemütlich und locker.
AK: Es ist einfach eine ganz spezielle Location. Hätte ich die nicht bekommen, hätte mich Uwe nicht aus den Bergen wieder herlocken können. Speziell heißt aber auch, dass wirklich nichts selbstverständlich ist: Wasser, Strom, Internet, EC-Karten – das funktioniert hier alles etwas anders – oder eben gar nicht. Die Kartenleitung ist nicht stabil, deshalb kann man hier nur bar zahlen. Aber nur für einen einzigen Nutzer legen die natürlich keine fünf Kilometer Kabel durch den Sand. Im Winter kann das Wasser ausfallen, wenn irgendwo ein Eispfropfen in der Leitung steckt. Und haben Sie schon mal versucht, ohne Hausnummer einen Festnetzanschluss fürs Telefon zu bekommen? Das ist quasi unmöglich in Deutschland, das sieht das System nicht vor, da streikt jede Eingabemaske beim Computer. Auch die Post liefert hier nicht raus, das geht nur über ein Postfach in Dorf.
UK: Seien wir ehrlich, die Pfahlbauten sind einfach mit die schönsten Plätze in ganz Deutschland! Mein Bruder hat diesen super Slogan entworfen: Sieben Meter über dem Alltag. Das trifft's perfekt.

FÜR DIE GÄSTE SCHON, ABER WIE IST ES FÜR DIE BETREIBER? WAS IST DER WORST CASE?
UK: Worst case wäre, wenn sich herausstellt, dass ein mittig unter dem Pfahlbau liegender Pfahl angefangen hat zu zerfallen. Dann heißt es: Loch ins Dach ... und in den Fußboden ... Kran her ... den alten Pfahl rausziehen und den neuen mit einer Länge von um die zwölf Meter mit viel Fingerspitzengefühl wieder einfädeln. Das gleicht einer Meisterleistung! Der Sturm Xaver hat zum Beispiel meine Plattform von der Ohanabar zerstört. Wir haben alle Pfähle neu spülen müssen und haben das Podest jetzt 1,20 Meter höher gelegt. Tja, der Meeresspiegel steigt wohl ... Ich sage immer: Exklusive Lage bringt explosive Probleme!

HABEN SIE DENN ÜBERHAUPT AUCH SELBST MAL ZEIT, DAS LEBEN HOCH ÜBER DEM MEER ZU GENIESSEN?
AK: In Ruhe den Sonnenuntergang hier zelebrieren: Das ist unschlagbar.
UK: Früh morgens, mit Dunst über Strand und Meer, einen Kaffee in der Hand und laut Musik ... besser geht's nicht.

ZWEI FRAGEN NOCH: IHR LIEBLINGSPLATZ IN ST. PETER-ORDING?
AK: Bei meinem Bruder.
UK: Nach einem schönen gelungenen Tag mit zufriedenen Gästen bin ich auch gerne mit Familie, Freunden und auch mal ganz allein auf meiner Terrasse der Strandbar 54° und genieße einfach alles um mich herum.

UND ALS LETZTES, GANZ SPONTAN: WAS FÄLLT IHNEN OHNE NACHDENKEN ZUM BEGRIFF „PFAHLBAU" EIN?
AK: Leidenschaft. Und Arbeit.
UK: Freiheit.

(Alle lachen.)

HERZLICHEN DANK!

DER WEG IST DAS ZIEL: DIE PROMENADE

LANGE BEVOR MAN AM MEER IST, WIRD MAN MIT DESSEN FEINSTEN INNEREIEN KONFRONTIERT. DANN NÄMLICH, WENN MAN AUF DEM VORPLATZ DER STRANDPROMENADE IM ERSTEN SCHWEDENROT GESTRICHENEN HÄUSCHEN DIE DEPENDANCE DES BERNSTEINKÖNIGS BOY JÖNS ERBLICKT ODER, NUR EINE TÜR WEITER, VOM KÖSTLICHEN GERUCH GEBRATENEN FISCHS AUS DER KULINARISCHEN KÜCHE VON GOSCH UMWEHT WIRD.

ALLE SINNE WERDEN ANGESPROCHEN. NACHDEM MAN AM KLEINEN WEISSEN HÄUSCHEN AM EINGANG EINEN GERINGEN OBOLUS ENTRICHTET HAT, VERSCHMILZT DAS TROCKEN-SANFTE GERÄUSCH, DAS TAUSENDE VON FUSSPAAREN, KINDER- UND BOLLERWAGEN DEM HOLZBELAG ENTLOCKEN, HARMONISCH MIT DEM WOGENDEN GRAS DER SALZWIESEN. LEUCHTEND GELBE LATERNENPFÄHLE BILDEN EINEN FRISCHEN KONTRAST ZU DER PERMANENT WECHSELNDEN PALETTE VON WARMEN GRAU-, GRÜN-, BLAU- UND OCKERTÖNEN, DIE KEIN MALER SCHÖNER KOMPONIEREN KÖNNTE.

Charmante Raststation auf der über 1000 Meter langen Promenade.

Wer sich auf dieser ganz besonderen Wegstrecke bewegt, erzeugt ein Geräusch, das zusammen mit denen der anderen Gäste zu einem verheißungsvollen Konzert anschwillt.

Wer in den Anfangszeiten des Seebades St. Peter-Ording zum Baden auf die damals noch vorgelagerte Sandbank wollte, musste entweder den Schiffsdienst der Einheimischen wählen oder, deutlich herrschaftlicher, die Kutsche nehmen. Letzteres hatte den Vorteil, dass die Kutsche manchmal auch aus einer Badekabine bestand, sodass der Gast sich schon während des Weges den Blicken der Öffentlichkeit entzogen entkleiden konnte.

Um den Weg zu vereinfachen, wurde im Jahre 1926 auf Geheiß des damaligen Kurdirektors eine 1000 Meter lange Seebrücke aus Holz errichtet. Nur ein gutes Jahr später wurde sie allerdings durch eine Eisflut zerstört; es heißt, das Eis habe die Pfähle regelrecht zersägt und Wind und Wellen gaben dem Gebilde den Rest. Klüger geworden, wurde die Brücke wieder aufgebaut, mit Eisabweisern versehen und erhielt sogar etwa auf Höhe des Priels eine Anlegetreppe für die Ausflugsschiffe von und nach Helgoland und zu den Halligen.

Anfang der 1950er-Jahre wurde die Seebrücke verlängert – Pfähle aus Stahlbeton wurden in die Erde getrieben und die vorgelagerte Sandbank erreicht. Auch der Belag wurde – hochmodern! – aus Betonplatten gefertigt. Das war keine besonders gute Idee, denn während der verheerenden Sturmflut von 1962 wurden diese aus der Verankerung gerissen und erst Jahre später durch Hartholz ersetzt.

Der schöne breite Einstieg mit geschwungenem Verlauf, schiefen Laternenpfählen und Sitzduchten entstand erst 2005/2006. Die alte Badestelle von 1900 ist zum Biotop geworden, eine Salzwiesenlandschaft, durchzogen von kleinen Prielen. Wer heute baden möchte, kann den Weg über die Holzbohlen genießen.

FUN & FAMILIEN

5

IN DEN 1950ER-JAHREN NOCH EINER DER ORTE MIT DER HÖCHSTEN KINDERHEIMDICHTE, DANACH SCHNELL ZUM FAMILIENURLAUBSZIEL AVANCIERT, KANN ST. PETER-ORDING AUF EINE RELATIV LANGE ERFAHRUNG MIT KINDERN IM URLAUB ZURÜCKBLICKEN. DOCH WAS DIE GEMEINDE ALLES TUT, UM WIRKLICH SÄMTLICHEN FAMILIENMITGLIEDERN ERHOLUNG ZU BIETEN, IST BEEINDRUCKEND:
ES GIBT EIN KINDERSPIELHAUS, WÖCHENTLICH STATTFINDENDE WECHSELNDE RALLYES, ZAUBERKÜNSTLER UND CLOWNS TRETEN AUF, BRETTSPIELFREUNDE KREUZEN VIA PAPPKARTEN UND GELDSÄCKCHEN DIE VIRTUELLE KLINGE UM DIE BESTE BURGANLAGE WÄHREND DER CARCASSONNE-TOUR, DAZU UNZÄHLIGE PRIVATE ANGEBOTE – VON TIERE ENTDECKEN IM WESTKÜSTENPARK UND DEM ANGESCHLOSSENEN ROBBARIUM, BERNSTEINSCHLEIFEN IM MUSEUM BIS HIN ZU BIIKEBRENNEN UND DRACHENFESTIVAL.

Wo Drachen was zu lachen haben: Das Drachenfestival begeistert Teilnehmer, Ausrichtende und natürlich die Zuschauer.

Friesisch herb: Beim Biikebrennen am 21. Februar wird der Winter vertrieben – und ein guter Grund für geselliges Beisammensein gefunden.

Mit etwas Geschick schon nach wenigen Stunden erlernt: Kitebuggyfahren.

„WO ALLES GUT IST, MUSS MAN NICHT AKTIV WERDEN!“ *WERNER DOMANN, MARKETING- UND VERANSTALTUNGSLEITER*

Aber was ist, wenn's mal irgendwo hakt und klemmt? Wenn Parkplätze trotz Ausschilderung zu kostenlosen Campingplätzen werden, wenn die Auflagen für das Prädikat eines Seeheil- und Schwefelbads überprüft werden müssen oder neue Konzepte für die Eigenvermarktung fällig sind? Das alles fällt in den Verantwortungsbereich des junggebliebenen Weißhauptes.

Eigentlich sei er ja schon in den Ruhestand verabschiedet worden, aber dann gab es Veränderungen mit der geplanten Nachfolge und deshalb sei er halt noch mal zurückgekommen – schließlich geht es ja um St. Peter-Ording, die Nordsee, das Wattenmeer und die größte Sandkiste der Welt. Nach 30 Jahren im Dienst kam es auf sechs Monate mehr oder weniger auch nicht mehr darauf an. Und dann ist ja auch immer was zu tun! Die neue Saison vorzubereiten, beispielsweise. Da müssen alle an einem Strang ziehen, damit Gäste und Leistungsträger zufrieden sind. Die neuen Printprodukte für das nächste Jahr sind mit den Vermietern vorzubereiten, und auch die Veranstaltungen für die großen und kleinen Gäste. Einiges ist zum alljährlichen Highlight geworden – wie das Benefizkonzert der Big Band der Bundeswehr, das neben dem Spaß zudem regelmäßig Geld in chronisch klamme Kassen lokaler Projekte fließen lässt. Auch das Biikebrennen oder die vielen Einzelveranstaltungen wollen organisiert und vorbereitet sein. Das klappt nur mit einem gut eingespielten Team – immerhin umfasst allein der Veranstaltungskalender des Dünenhus satte 40 Seiten. Zum Teil müssen aber auch neue Angebote überprüft werden. Passt das Event zum Image der Stadt und zur Nordsee? Macht der Sponsor Sinn? Hier darf nicht nur aufs Geld geschaut werden – ein Zigarettenhersteller beispielsweise bekommt im Nordseeheil- und Schwefelbad mit seinen vielen Kliniken keine Chance. Überhaupt muss immer die Vielfalt im Blick behalten werden: Es gibt im Ort die, die Geld verdienen wollen, und jene, die hier ihre schönste Zeit im Jahr verbringen – ihren Urlaub. Das Ergebnis stimmt, wenn die Gäste zufrieden sind. Das merkt jeder einzelne Mitarbeiter der Tourismus-Zentrale – und jeder von ihnen, so scheint es, fühlt sich für dieses Ergebnis verantwortlich und ist motiviert, alles dafür zu geben.

Werner Domann selbst kommt nicht aus St. Peter-Ording, kennt aber alle Facetten des hiesigen Tourismus. Seit 1977 setzt er sich dafür ein, hat die Zimmervermittlung mit aufgebaut und überhaupt gesehen, dass ein Image nach außen gebildet, aber auch gepflegt werden muss. Das beginnt bei guten Ideen und endet bei allzeit freundlichen Gesichtern sämtlicher Mitarbeiter. Die Gäste sind das A und O in diesem Ort, sie sind ihm tausendmal lieber als die vielen Aktenordner in seinem Büro, Sinnbild für die immer stärker um sich greifende Bürokratie. Manchmal greift eines ungut ins andere. So erinnert er sich noch an die offizielle, schriftliche Anfrage eines Familienvaters, der um die Erlaubnis ersuchte, die ersten drei Tage seines Urlaubs trotz Besuch des FKK-Badestrandabschnitts die Badehose anbehalten zu dürfen. Der Rest seiner Familie wollte unbedingt an den hüllenlosen Strand, er selbst war unsicher. Zu dieser Zeit waren die Vorschriften allerdings noch etwas strenger: FKK heißt nackt! – und Werner Domann musste die Anfrage leider ablehnend bescheiden. Heute wäre der Spielraum größer.

Er selbst, Hüter der Vorschriften und weiser Führer durch den Dschungel von Verwaltungsangelegenheiten, versucht immer, den unkonventionellen, pragmatischen Weg zu finden. Das mag leicht paradox anmuten, ist aber schwer sympathisch. Ebenso, dass ihm, der den Sonnen- und Touristenstandort St. Peter-Ording mit berühmt gemacht hat, ausgerechnet das winterlich-einsame Packeis am Strand am liebsten ist.

Werner Domann hat gut lachen – wer so lang im Amt ist, kennt für fast jedes Problem eine Lösung!

Egal welcher Sport: Ist Wind im Spiel, ist die Sandbank von St. Peter-Ording unschlagbar. Auch beim Strandkat Segeln.

NICOLE HENFLING, KINDERBETREUUNGS-IDEENENTWICKLERIN
„KONTAKTFREUDIGE, BELASTBARE, KREATIVE, TEAMFÄHIGE, FRÖHLICHE BETREUERIN / IDEENGEBERIN / BASTLERIN / PFLASTERKLEBERIN MIT ORGANISATIONSTALENT UND MANAGERQUALITÄTEN GESUCHT."

Behält den Überblick, egal wie viele Bälle sie gleichzeitig in der Luft hat: Nicole Henfling, Ideenproduzentin aus Leidenschaft.

Wer glaubt, so jemanden gibt es nicht, der irrt, denn eigentlich müsste genau so die Stellenbeschreibung von Nicole Henfling aussehen.

Von April bis Oktober ist Hochsaison im Kinderspielhaus St. Peter-Ording. Von morgens bis abends wuseln, spielen, laufen, kreischen, lachen bis zu 80 Kinder im umgebauten Feuerwehrgerätehaus umher – plus dazugehörige Erwachsene. „Da muss man dann schon mal aufpassen, wo man hintritt", lacht Nicole. „Da liegt dann halt auch mal ein Säugling auf dem Boden, oder eine Riesen-Legolandschaft ist im Entstehen."

Am schönsten ist es für sie, wenn alles läuft – auch wenn es anders läuft als geplant. Wenn zum Beispiel die Mutter von Marie seelenruhig mit anderen Kindern – und ohne Marie! – am Kaufmannsladen bedient, während der Vater von Paul – ob mit oder ohne Paul, spielt keine Rolle – den Helden in der angeschlossenen Sand-Matschanlage mimt. Wenn alle irgendwie miteinander beschäftigt sind und es zusammenwächst, wenn die Familie schöne Momente mit nach Hause nimmt, dann ist es gut.

Woher nimmt die junge Frau bloß ihre Ruhe? „Die hole ich mir abends, beim Sonnenuntergang allein am Ordinger Strand", sagt sie. Wobei das nicht immer ganz so einfach ist mit dem Alleinsein. „Mich kennt hier ja praktisch jeder, im Grunde hab ich immer gleich eine Traube voll Kinder und Familien um mich herum. Das ist natürlich toll, aber gleichzeitig wohl auch das Berufsrisiko von jedem, der im Jahr mehrere Tausend Kinder direkt oder indirekt bespaßt.

Während andere Leute schon allein beim Gedanken an die Organisation für eine 150 Kinder und 15 verschiedene Stationen umfassende Rallye Angstschweißausbrüche bekommen, dreht Nicole erst richtig auf. Ideen entwickeln, Konzepte prüfen, Verrücktheiten zulassen und vor allem: nie wissen, ob's wirklich klappt – das mag sie. Das und die Arbeit im Team. „Wir arbeiten super zusammen", versichert sie, „da kommen ganz viele Einfälle und Talente zum Zug. Das ist super." So eine wöchentlich unter wechselndem Motto stehende Rallye fordert allein sieben Betreuer, dazu von der Tourismus-Zentrale angeforderte Azubis („Wir freuen uns über Hilfe aus allen Abteilungen und holen uns die auch aus der Buchhaltung!"). Da muss im Vorfeld jeder wissen, was er zu tun hat. Jede Station muss besetzt sein, jeder Hinweis für jedes Alter spannend und dennoch lösbar bleiben. „Veranstaltungslogistik ist voll mein Ding", bekennt sie und benennt damit das, was andere als Totalchaos einstufen würden, liebevoll sachlich. Chaos jedoch ist es bei ihr ja auch nicht. Sondern ein Tag, der für alle Beteiligten, egal ob Kinder, Eltern, Großeltern oder Betreuer der Tourismus-Zentrale, stressfrei abläuft. Wobei sie durchaus selbst im Vorfeld Stress verspürt. „Zehn Minuten vor Beginn sollte man mich besser in Ruhe lassen – aber sobald die Tür aufgeht und die Massen hereinströmen, ist alles prima!"

Gab es auch schon mal eine Situation, die sie überfordert hat? „Ja, im Westküstenpark. Da gehen wir jede Woche hin. Und da hab ich mich mal zu weit aus dem Fenster gelehnt, als wir uns die Riesengeier beguckten. Die sind echt riesig, die gehen mir bis zum Bauchnabel, und allein der Schnabel ist so groß wie meine Hand. Als wir nach dem Streicheln von Alpakas und Ziegen den Wärter gefragt haben, ob man die Geier auch streicheln kann, hat er mich in den Käfig geholt. ‚Klar, kannst gleich mal ausprobieren.' Mir ist das Herz in die Hose gerutscht, aber weil die Kinder alle dabei waren, hab ich ganz cool getan und den Kopf gestreichelt. Vielleicht hat der Wärter was gemerkt, auf jeden Fall erzählte er dabei, dass die Geier mit dem Schnabel durchaus Knochen so groß wie die am Ellbogen knacken können. Da hatte ich schon echte Fluchtinstinkte!", erzählt Nicole. Und lacht doch gleich wieder. Spaß ist eben einfach ihr Ding.

Dramatischer als der Himmel kann der anstehende Wettkampf kaum werden.

smart

Fast 8000 Menschen drängen sich jährlich auf dem Vorplatz der Promenade, um beim Benefizkonzert der Big Band der Bundeswehr mitzuswingen.

Ein echter Knaller ist das choreografierte und wochenlang geplante Silvesterfeuerwerk an der Promenade.

ARCHITEKTUR 6

BEFRAGT MAN DREI MENSCHEN NACH ARCHITEKTONISCHEN BESONDERHEITEN VON ST. PETER-ORDING, ERHÄLT MAN UNTER GARANTIE DREI VERSCHIEDENE ANTWORTEN. DEM EINEN FALLEN ALS ERSTES UND TYPISCHES DIE REETDACHHÄUSER EIN, DER NÄCHSTE ERINNERT SICH (NICHT UNBEDINGT MIT BEHAGEN) AN DIE SELTSAM UNPASSEND WIRKENDEN HOCHHÄUSER, DIE DIE SILHOUETTE DES ORTES PRÄGEN, UND DER DRITTE ERGÖTZT SICH VIELLEICHT AN DEM NEUEN „HAMPTON-STYLE“, DER MIT ERRICHTEN DES BEACH MOTELS IN ST. PETER-ORDING EINZUG GEHALTEN HAT UND SEITDEM GERN KOPIERT WIRD. DOCH WER HAT RECHT? ALLE HABEN RECHT – UND AUCH ZWISCHEN DIESEN EXTREMEN GIBT ES KLEINODE ZU ENTDECKEN.

ORIGINAL & ALT

Beginnen wir historisch: Ebenso wenig wie es nur eine Architektur in St. Peter-Ording gibt, ist der heutige Ort aus einem einzigen Dorf entstanden – und St. Peter hieß er eigentlich auch nicht. Das war der Name der Kirche von Ulstrup, dem eigentlichen Kirchspiel. Dennoch: Seit 1373 ist es als „St. Peter“ urkundlich erwähnt, als nämlich die Ratsherren der Gemeinde Ulstrup Hamburger Kaufleuten freies Geleit und sicheren Schutz beim Bereisen ihres Gebietes gewährten. Zu jener Zeit gab es in der Tat hauptsächlich Katen, die mit Reet und Stroh gedeckt waren. Eher niedrig und lang gezogen duckten sie sich unter dem steten kräftigen Wind der Haupt- weil Zugangsstraße Bövergeest. Die Grundkonstruktion der Katen mit Zwerchgiebel (der im Übrigen im Fall eines Feuers das sichere Hinauskommen aus der Haustür ermöglichen sollte) wurde dann über die Jahrhunderte beibehalten, wobei die Häuser größer wurden und die Materialien besser. Die heutigen neu gebauten Reetdachhäuser hingegen bedienen eher den „Friesenstil“: Ein bepflanzter Steinwall umzäunt das Grundstück, die Friesentür – gern auch in den friesischen Farben Blau und Weiß – bildet das Entree, über dem sich der friesische Giebel – nur noch repräsentativ – erhebt.

Größer und reicher ausgestattet waren die Haubargen – Hof und Stallungen, die sich unter dem in der Mitte befindlichen Strohlager gruppierten. Grundgerüst des Gebäudes waren vier bis zehn Ständer, im Rechteck gebaut. Der Friesenhof in Ording, heute beherbergt er Ferienwohnungen, vermittelt davon zumindest äußerlich noch die Idee.

NICHT JEDER GLAUBTE AN DIE ZUKUNFT DER ZUSAMMENGELEGTEN ORTE BAD UND DORF. ALS DER ZUGANG DURCH DIE DÜNEN IM ZUGE DES AUSBAUS ZUR BADALLEE BEFESTIGT WURDE, GESCHAH DIES DURCH KLINKERSTEINE ... DAMIT DIE STEINE SPÄTER ERNEUT ZU VERWENDEN WÄREN, „WENN DIE HUNGERLEIDER IM BAD BANKROTT GAHN“ ...

Von den Hamptons direkt hinter die Dünen: das Beach Motel als Trendsetter für den angesagten Hampton-Style. Lockere Lebensart inklusive.

Von den zum Teil mit viel Detailliebe ausgestatteten Sommervillen der Gäste, die ab 1900 in Strandnähe – und mit weitem Abstand zueinander – errichtet wurden, existiert heute leider keine einzige mehr.

Immer noch nachzuvollziehen ist jedoch ein Baustil, der im Zuge der Platzgewinnung Verbreitung fand: Die Rede ist vom zweiwinkligen Mansarddach, das aufgrund der zunächst sehr steilen Dachkonstruktion quasi eine komplette zweite Etage schaffte.

ORIGINELL & NEU

Als nach den ersten Anfängen der Fremdenvermietung die Zahl der Übernachtungswilligen stieg, begann man Hotels und Pensionen zu bauen. Im Bad Nr. 18 ist dafür ein wunderbares Beispiel, weil hier, an der Dünenkante und Ortsgrenze zwischen Ording und St. Peter, 1877 das erste Hotel erbaut wurde – das Strandhotel. 1966 wurde es – nach mehreren Umbauten und Erweiterungen – abgerissen, um der Modernität der späten 1960er-Jahre Platz zu machen: in Form des Appartementhauses Luv und Lee – Quadratisch, praktisch – schön? Das muss jeder für sich selbst entscheiden. Die Hochhäuser jedenfalls reißen von außen kaum jemand zu Begeisterungsstürmen hin – ihre Bewohner hingegen (zumindest die der oberen Etagen) schwärmen vom freien Blick über Wald, Hinterland oder Strand und Meer.

Dass eckige Kästen alles andere als langweilig oder allzu zweckoptimiert wirken können, beweisen die jüngst erbauten Hotels StrandGut Resort an der Promenade und Beach Motel. Letzteres scheint mit Holz (oder Holzoptik), weiß abgesetzten Flächen, Fenstern und jeder Menge Balkonen in Ording zum Trendsetter geworden zu sein. Anders ist der Bau von drei weiteren Häusern dieser Art und auch des wenige Schritte entfernt liegenden Hotels Zweiten Heimat kaum zu erklären.

Hauptstraße in Dorf – einige wenige alte Katen sind über die Jahrhunderte erhalten geblieben. Ebenso wie das dörfliche Gefühl.

Reetdachrenaissance: Die authentisch-gediegenen Nachbauten mit modernem Twist von Stefan Schneider sind die beliebtesten Neubauprojekte.

Außergewöhnliche Dachformen und klare Strukturen kennzeichnen die Bauten von Heinrich Esselmann.

SPEZIALITÄTEN DER GANZ BESONDEREN ART

____ Eines der wohl auffälligsten Einfamilienhäuser wurde 1926 in Ording gebaut. Himmelblau und mit steilem Dach sowie interessanten senkrechten Mauervorsprüngen liegt Klaar Kimming direkt hinterm Deich.

____ Geprägt von der Neuen Sachlichkeit, Einflüssen des Bauhausstils und beeinflusst von den kühnen Träumen des Hamburger Chilehaus-Architekten Fritz Höger entstand 1932 unter Verwendung von rot gebranntem Ziegelstein der Bahnhof Ording.

____ Eine Besonderheit ist auch das bis heute im Baustil unverändert gebliebene Wochenendhaus Storchennest Im Bad Nr. 64. Erbaut 1935 aus Holz und mit Reet gedeckt, wirkt es inmitten des kleinen Kiefernwäldchens wie frisch aus Berlin-Zehlendorf importiert.

____ Nur wenige Meter entfernt, Im Bad Nr. 71, kann man rudimentär immer noch das einzigartige, hohe, gewölbte Dach des Hauses Schragen erahnen. Auch wenn sich die Proportionen durch immer mehr und immer größere Fensterflächen verschoben haben, ist die spezielle Bauart aus dem Jahre 1924 zu entdecken. Auch für diesen interessanten Bau zeichnet übrigens der Architekt Heinrich Esselmann, der Klaar Kimming entworfen hatte, verantwortlich. Offenbar hatte er eine extreme Vorliege für ungewöhnliche Formen und ausgeprägte Dachkonstruktionen (auch beim dritten von ihm für St. Peter-Ording entworfenen Haus Wiking zu sehen, ebenfalls in der Straße Im Bad gelegen).

Auch architektonisch versucht man in St. Peter-Ording neu und alt miteinander zu verbinden.

Obwohl nicht mehr zu St. Peter-Ording gehörend, ist der Westerhever Leuchtturm doch fast so etwas wie ein Wahrzeichen. Ein besonders gut wahrzunehmendes Zeichen ist er allemal!

DER MIT DEM REET TANZT
REIMER DAU

DÜNENFREVEL FÜR DICHTE DÄCHER

WENNGLEICH DIE NOTWENDIGKEIT EINER DÜNENBEFESTIGUNG DURCHAUS VON DEN ST. PETERANERN EINGESEHEN WURDE, WAREN KÜNSTLICHE ANPFLANZUNGEN VON STRANDHAFER DENNOCH SCHNELL WIEDER VERSCHWUNDEN. DIE LANGEN WURZELN WAREN NÄMLICH BEGEHRTE SEILE FÜR DIE BEFESTIGUNG VON REET UND SCHILF AUF DEN DÄCHERN. BÜNDELWEISE WURDEN DIESE WURZELN VERKAUFT – EIN WILLKOMMENES ZUBROT FÜR DIE ARME BEVÖLKERUNG. NACH DER STURMFLUT VON 1925, DIE AUFGRUND DIESER MASSIVEN SCHWÄCHUNG DES DÜNENSCHUTZES VERHEERENDE FOLGEN HATTE, WURDE EINE DÜNENPOLIZEI EINGESETZT. SECHS MANN HATTEN DAFÜR ZU SORGEN, JEDERMANN FESTZUNEHMEN, DER MIT EINEM MESSER IN DEN DÜNEN ANGETROFFEN WURDE.

Diese Probleme hat St. Peter-Ording heute nicht mehr – und das, obwohl der Bau gerade von Reetdachhäusern boomt. Das merkt auch Reimer Dau, Dachdeckermeister aus Tönning, der sich auf das Naturprodukt Reet spezialisiert hat. Wenn der Eiderstedter über sein Material ausgefragt wird, gerät er ins Schwärmen: Besonders gutes Reet kommt nämlich aus Eiderstedt und dem angrenzenden Dithmarschen. Hier haben die Halme eine hohe Festigkeit, sind dickwandig, lang und gerade im Wuchs und weisen die perfekte Halmstärke fürs Dachdecken auf.

Reimer Dau kann die Qualität des Reets unter anderem durch das Gewicht eines Bundes bestimmen – auch wenn er nicht jedes einzelne durch die Luft wirbelt.

ERNTEN SIE DAS REET DENN TATSÄCHLICH SELBST?

Ja, schon. Aber ich kauf auch zu. Schon als Jugendlicher habe ich mir übrigens durch die Reeternte und den Verkauf mein eigenes Taschengeld verdient.

DANN WAR REETDACHDECKER SCHON IMMER IHR TRAUMBERUF?

Im Grunde schon. Als zwölfjähriger Bengel hab ich mal bei einem Freund ein Reetdach auf einer Teichhütte gebastelt. Das fand ich toll. Na ja, und so kam es dann.

DANN KENNEN SIE BESTIMMT AUCH HEUTE NOCH DIE BESTEN STELLEN?

Das kann man so nicht sagen, die wechseln ja! Reet ist ein reines Naturprodukt, das wächst je nach Bodenbeschaffenheit und Wetterbedingung.

„ICH SAG IMMER, DAS IST WIE ’NE BLUME IM GARTEN. DAS EINE JAHR TRÄGT DIE STAUDE DIE ALLERSCHÖNSTEN BLÜTEN, UND IM NÄCHSTEN JAHR KÜMMERT SIE – OBWOHL DIE GÄRTNERIN NICHTS ANDERS GEMACHT HAT! DA MUSS ICH JEDES JAHR DAS REET GENAU PRÜFEN, BEVOR MIT DEM PISTENBULLI ODER DEM EINACHSSCHLEPPER GEERNTET WERDEN KANN.“

Reetgedeckte Häuser verschmelzen mit der Umgebung – und sind die älteste Bauform auf der Halbinsel Eiderstedt.

Ein Besuch in seiner Lagerhalle ist beeindruckend. Nicht nur wegen des Modells eines Reetdaches, sondern auch aufgrund der zigtausend Bund Reet, die sauber aufgeschichtet und sortiert ihrer Verwendung harren. Rund 70 000 Bund Reet verbrauchen Dau und seine Leute pro Jahr. Gut 40 000 Bund sind heimische Ernte, der Rest wird im Frühjahr nach strenger Kontrolle zugekauft. Durchschnittlich 2500 Bund benötigt er pro Dach, 30 Dächer im Jahr macht er neu, zwei bis drei Wochen benötigt er für ein normal großes Gebäude.

„Am liebsten sind mir aber gar nicht die großen Neubauprojekte, sondern alles, was historisch gewachsen ist. Kleine Katen auf dem Land oder auch große Objekte, die unter Denkmalschutz stehen.“

Ganz nebenbei erzählt er, dass er schon als Geselle beim Neueindecken des Eiderstedter Museums mitgearbeitet hat. Und dass sein nächstes Projekt ein Haubarg ist, ganz in der Eiderstedter Tradition. Immerhin: So ein Dach hat gut und gern 600 bis 700 Quadratmeter Fläche, das werden viele Wochen harter körperlicher Arbeit.

„Aber auch wunderschön!“, beharrt Dau. „Jedes Dach ist ja anders geformt, bietet immer wieder unterschiedliche Möglichkeiten bei Gauben oder Giebeln. Im Laufe der Jahre entwickelt jeder Dachdecker so seine eigene Handschrift.“ Vermutlich, so Dau, könne er anhand des gedeckten Daches sogar sagen, wer dafür verantwortlich war.

Was ist denn das Wichtigste in seinem Beruf?, möchte ich wissen.

„Augenmaß. Wenn das stimmt und man Dachstärke und Neigung richtig abschätzen kann, braucht man sonst nicht viel.“

„Keine komplizierten, alten Gerätschaften?“, hake ich nach.

„Nee“, lacht Dau, „da braucht man nur zwei Dinge. Die Näh- oder Messnadel – damit misst man die Dachstärke. Geheimnisvoll ist da gar nichts – außer der Verzierung. Das Kuhhorn hier, am Ende der Nadel, das hab ich noch aus der Lehrzeit, das ist schon seit 20 Jahren mit dabei.“

Kunst kommt von Können, das wird immer wieder deutlich. Die eigentliche Form des Reets entsteht durch das Festklopfen mit dem Treibbrett. „Das Reet wird nicht geklopft, sondern angetrieben“, verrät er. „Je dichter es gepackt und getrieben ist, desto besser hält es.“ Echtes Handwerk eben. Mit durchaus goldenem Boden: Elf Angestellte hat der Meister, darunter seinen Sohn. Auch der hat übrigens früher mit dem Taschenmesser die ersten Halme selbst geerntet.

Originalgetreu außen, originell und mit der Region vertraut innen: Das Museum lohnt auch bei Sonnenschein einen Besuch!

WELLNESS

7

WARUM ST. PETER-ORDING EIN BAD IST – UND BADEN DAMIT NICHT UNBEDINGT ETWAS ZU TUN HABEN MUSS

HEISSE DÄMPFE STEIGEN EMPOR. DIE LUFT RIECHT NACH SCHWEFEL, SALZ UND MINERALIEN. SCHWEISS BRICHT AUS. DAS ATMEN FÄLLT SCHWER. – WAS HIER DANTES „INFERNO" ENTNOMMEN SEIN KÖNNTE UND WIE EINE ERSTE VORSICHTIGE BEGEGNUNG MIT DER HÖLLE KLINGT, IST IN WAHRHEIT SEIT DEN RÖMERN VERBREITET UND WIRD DURCHAUS GESCHÄTZT: DIE NUTZUNG WARMER QUELLEN ZU THERAPEUTISCHEN ZWECKEN.

Nur für Abgebrühte: eiskalte Erfrischung nach dem Saunagang.

Kaum jemand mag bestreiten, dass sich die Luft in St. Peter-Ording besonders anfühlt, ja, sogar ein bisschen salzig schmeckt. Das liegt an ihren salz-, jod- und aerosolhaltigen Substanzen. Obendrein ist sie besonders rein: Allergiker genießen den geringen Allergengehalt, der hier herrscht. Auch ohne es so detailliert benennen zu können, waren die St. Peteraner sich der Heilkraft der Luft und des rauen Klimas schon Ende des 19. Jahrhunderts bewusst und dürfen sich nach einschlägiger Prüfung durch Verordnungen und Erlasse seit über 125 Jahren mit dem Prädikat „Seebad" schmücken. Schon damals sollte ein Aufenthalt den Stoffwechsel und das Herz-Kreislauf-System stärken und, das weiß man heute – die köpereigene Kortisonproduktion angeregt werden. Mit der Entdeckung der eigenen Schwefelquelle konnte man sich rund 75 Jahre später sogar Nordseeheil- und Schwefelbad nennen – auch ohne ein einziges Schwimmbad dafür vorweisen zu müssen. Lediglich Heilanwendungen waren vorgeschrieben, Ruheräume und – kein Witz! – eine Lesehalle. Mit dem Bau der Dünen-Therme Ende der 1970er-Jahre bekam Bad St. Peter-Ording aber endlich auch ein „richtiges" Bad, und die touristische Attraktion der Heilmöglichkeiten wurde erheblich gesteigert. Was 1877 mit dem Bau des ersten Hotels begann, umfasst heute 2,1 Millionen Übernachtungen von rund 250 000 Gästen pro Jahr. Bei 4100 Einwohnern ...

Von Schwefelsohle-Wannenbädern bis Packungen mit fossilem Nordseeschlick, von Reizstrombehandlung bis Fußreflexzonenmassage, von Kneippanwendung über Elektrotherapie bis zur Massage mittels Unterwasserdruckstrahl bleibt heutzutage kein Wunsch offen und finden Atemwegserkrankungen ebenso Linderung wie Haut-, Kreislauf- oder Stoffwechselbeschwerden. Wem das alles zu medizinisch ist, der genießt die frische Luft und das herrliche Gefühl, sich selbst ein wenig Zeit zu widmen. Einfach nur so. Das kann man hier nämlich auch.

HANS WOLFF
SCHWITZEN LASSEN MIT WEITBLICK

Den ganzen Tag im Schwimmbad – das war für Hans Wolff schon als Kind der Traum schlechthin. Dafür wurde im Winter in Tönning auf die Saisonkarte gespart, dort fand man ihn im Sommer täglich. Heute lebt er seinen Traum. Als „Fachangestellter für Bäderbetriebe" sorgt er hinter den Kulissen für den reibungslosen Ablauf im Wasser- und Wellnessparadies Dünen-Therme, kümmert sich um Technik, Aufsicht, Reinigung, Schwimmunterricht, Aquafitnesskurse und natürlich die Sauna. Mit 16 Jahren hier in die Lehre gegangen, dann in der Saison eingesetzt, wurde er direkt fest übernommen. Glück für ihn – und die jährlich weit über 10 000 Gäste.

Er freut sich, wenn er für die Gäste da sein kann, sagt der junge Mann mit Überzeugung in der Stimme. Der Beruf sei einfach sein Traum und sehr abwechslungsreich. Egal, ob er bei Aquafitness den Vorturner am Beckenrand mache, Kindern die Angst vorm Wasser nehme oder in der Sauna den Menschen durch Aufgüsse noch mehr Wohlbefinden schenke – jedes für sich sei schon gut, die Kombination aber unschlagbar.

Die Arbeit im Team gefällt ihm, und die Mischung aus Sauna- und Schwimmhallendienst.

Dabei sei es am Anfang schon komisch gewesen, als einziger Angezogener zwischen den ganzen Unbekleideten zu stehen. Zumal er selbst eigentlich kein Saunagänger sei. Aber inzwischen ist das völlig normal, denn es gilt der Grundsatz: Was vor Kälte schützt, schützt auch vor Wärme – zumindest kurzfristig. Außerdem sei es spannend, die individuellen Wünsche zu erraten. Das muss blitzschnell gehen, denn jeder entspannt und schwitzt anders – und jeder Saunameister hat seine eigene Technik! Sein Lehrmeister beispielsweise fächelt in bestimmten Fällen nur mit den Händen. Wolff hingegen benutzt immer ein Handtuch, das er geschickt zu einer Schlaufe faltet. Dann beginnt er in der Regel sanft. Nach einem Zucker- oder Salzpeeling für samtweiche Haut kommt der erste Aufguss, am liebsten mit einer selbst angerührten Mischung aus Lemongras und Zitronenminze – das eine erfrischend und leicht, das andere stärker und prickelnd. Durch Wirbeln mit dem Handtuch verteilt er die dampfende Luft im Raum. Später geht es kräftiger zu, individuell abgestimmt auf den jeweiligen Besucher. Dann zieht er das geöffnete Handtuch sanft nach oben und knallt es schnell nach unten, sodass dem Besucher eine regelrechte Hitzewelle entgegenschlägt – und das gleich mehrmals hintereinander. Gleichzeitig erspürt er, ob dabei lockere Späße oder aber kontemplative Ruhe gewünscht sind – und versucht, jeden Einzelnen und alle zusammen glücklich zu machen. Einmal drängten sich 87 Menschen auf den Bänken – da käme man dann auch ohne die Hitze der Sauna schon ins Schwitzen, erzählt er.

100 °C herrschen in „seiner" außen liegenden Blockhaussauna – wie hält er da seinen Dienst nur aus? Ein Aufguss dauere sieben bis zehn Minuten, erklärt er, und dass jeder Mitarbeiter maximal zwei pro Tag mache. Viel trinken sei Pflicht, allein während der Arbeitszeit drei Liter Wasser.

Aber dann gäbe es ja auch die anderen Dienste. Im Wellenbad zum Beispiel, wo manche die Kraft des Wassers unterschätzen und sich dennoch mit Spaß umherwirbeln ließen. Auch achtsam zu sein für Schwächeanfälle der Gäste – beim Verlassen der Sauna oder bei denen, die sich selbst im Waser überschätzen – sei wichtig und interessant. Im Vorfeld spüren, was jemand benötigt, das könne er wohl ganz gut.

Sein Lieblingsplatz? Der Strand, egal wo. Im Strandkorb sitzen und den Meerblick genießen. Oder sich selbst auf dem Wasser austoben. Für sein Hobby, das Kitesurfen, findet er hier einfach die perfekten Bedingungen. Mit den Rettungsschwimmern vom Strand ist er sowieso auf Du und Du – die helfen manchmal sogar in der Dünen-Therme aus, wenn das Wetter die Badewilligen eher nach drinnen als nach draußen lockt.

Manche Situationen lassen ihn bis heute nicht los: So fand er einmal nach Feierabend in den Umkleidekabinen eine komplette Montur Klamotten, von Unterwäsche über Jeans bis T-Shirt, Pulli, Jacke und Schuhe. Wie dieser Mensch das Fehlen nicht bemerkt haben kann und nackt nach Hause gekommen ist, fragt sich Hans Wolff bis heute. „Der war wohl wirklich entspannt."

Obwohl immer nur kurz in der Sauna, kommt Hans Wolff beim Rotieren tüchtig ins Schwitzen.

Mustergültiger
Auftakt der
Strandkorbsaison.

WELLNESS TO GO

WER SAGT EIGENTLICH, DASS MAN FÜR WELLNESS STANDARDISIERTE ANWENDUNGEN BUCHEN MUSS? ALLGEMEINES WOHLBEFINDEN – DENN NICHTS ANDERES BEDEUTET WELLNESS JA – KANN MAN GANZ EINFACH ERREICHEN: BEI EINEM SPAZIERGANG ZUM BEISPIEL.

Wer's etwas sportlicher haben möchte, sucht sich eine der 16 Laufstrecken des Nordsee Fitness-Parks aus. Jede einzelne ist gut ausgeschildert und bietet für jeden Fitnesslevel etwas – und das auf insgesamt 50 Kilometern! Eine Besonderheit ist dabei die Streckenführung – egal ob beim Wandern, Walken oder Joggen. Am Strand lockt die Brandungsregion, dann führt der Weg durch die Dünen und schließlich durch den Kiefernwald – so kann man bis zu drei Klimazonen in einem Durchgang erleben.

HOME, SWEET HOME

ALTE LUFTAUFNAHMEN VOM STRAND ZEIGEN KONZENTRISCHE KREISE VON ZWEI BIS DREI METERN DURCHMESSER, DIE – WIE SEEPOCKEN EIN GLATTES STÜCK HOLZ – DEN SAND IN ZIEMLICHER REGELMÄSSIGKEIT BESIEDELN. WALL REIHT SICH AN WALL – NICHT EIN PAAR, NICHT EIN DUTZEND, SONDERN MEHRERE HUNDERT STRANDBURGEN REIHEN SICH ANEINANDER, IN DER MITTE JEWEILS MIT EINEM HANDTUCH VERZIERT, AUF DEM DIE SONNENHUNGRIGEN SICH AUSRUHEN.

Strandburgenbauen macht Spaß, das fertige Gebilde signalisiert Vorbeiflanierenden außerdem einen klaren Herrschaftsanspruch über dieses Stückchen Sand und bietet darüber hinaus auch Schutz vor dem Wind.

Heute sieht man nur noch wenige Burgen, dafür aber umso mehr Strandmuscheln, zeltartige Gebilde, die den Strand statt in eine eintönige Kraterlandschaft in eine lustig-bunte Buckelpiste verwandeln. Und natürlich Strandkörbe. Auch sie wurden aus dem Gedanken eines gesicherten Platzes sowie zum Schutz vor Wind oder auch mal Regen entwickelt. Was sie von Strandburgen und -muscheln unterscheidet: Man muss sie weder selbst aufstellen noch mühselig bauen. Auch werden sie nicht vom Winde verweht. Einzigartig an der Nordseeküste sind die in St. Peter-Ording extra für sie erhöhten Flächen, die einen noch besseren Blick auf den Wassersaum ermöglichen. Hier sitzt man wirklich in der ersten Reihe! Und: Man kann sie buchen, kurzfristig oder auch in stiller Vorfreude lange vor der Reise.

WAS STRANDKÖRBE MIT DEN SANDBURGEN GEMEIN HABEN: IM WINTER SIND SIE VERSCHWUNDEN – DIE KÖRBE ABGERÄUMT, GESTAPELT, SORTIERT; DIE BURGEN PLANIERT ODER VON WIND UND WELLE IM WAHRSTEN WORTSINNE DEM ERDBODEN GLEICHGEMACHT. EINE SANDBURG IST EINMALIG UND KURZLEBIG, EIN STRANDKORB HINGEGEN HAT – FACHMÄNNISCHE PFLEGE VORAUSGESETZT – EIN LANGES LEBEN.

Sollten die ersten Verfallserscheinungen oder kosmetischen Behandlungen nötig werden, findet sich der Korb im Bauhof der Gemeinde wieder, wo sich kundige Hände darum kümmern, ihn schnellstmöglich wieder instand zu setzen. Ein Paar dieser Hände gehört Heinzi Hecke, Ur-Eiderstedter Original.

Ihn trifft man im Sommer in den Badewachtstationen, beispielsweise am Ordinger Strand, und nicht etwa in einer Werkstatt. Denn im Sommer gehören die Körbe nicht nach drinnen, sondern in den Sand. Ab Mitte März werden sie aus den Hallen geholt und offiziell ab 1. April vermietet. Durchgängig bis Ende Oktober. Jeweils 24 Körbe umfasst eine Fuhre, bis in der Hochsaison rund 1000 geflochtene Miniheime auf der Sandbank stehen. Mehr geht nicht, auch wenn durchaus mehr vermietet werden könnten. Müssen jedoch bei allzu hoher Springflut die Körbe gerettet und auf die Podeste gehoben werden –, was pro Korb 100 Kilo in die Höhe stemmen bedeutet –, können die 18 Kollegen nebst zwei Treckerfahrern in den sechs Stunden Zeit zwischen Ebbe und Flut einfach nicht mehr Körbe bewältigen. In schlechten Jahren wird diese Übung übrigens zehnmal pro Saison praktiziert. In guten Jahren gar nicht.

Im Sommer, am Strand, schnackt man mit den Dauergästen, freut sich am Apfelkuchen, den eine liebe ältere Stammkundin alljährlich vorbeibringt, tröstet verloren gegangene Kinder und sucht nach deren Eltern. Manchmal gleich gruppenweise. Gar nicht so selten stehen zeitgleich über 40 Kinder auf der Badeplattform. Dann wird nicht die einzelne Mutti oder der bestimmte Vati gesucht, sondern pauschal via Lautsprecher über den Strand gedröhnt, jedes Elternteil solle doch bitte mal schauen, ob nicht zufällig ein Kind fehle – auf der Badeplattform wären grad etliche abzugeben ...

Ganz anders, weil ruhig, geht es während der Frühschicht auf den Stränden zu. Die schätzt Heinzi Hecke ganz besonders – auch, weil man da speziell nach einer Sturmflut spannende Sachen finden kann. Rattanstühle zum Beispiel, oder Bauholz, das irgendwo weit draußen auf dem Meer von einem Frachter gespült worden ist. Der größte Fund waren zweifelsfrei zwölf Kilogramm Heroin, die in einzelnen Päckchen die ganze Sandbank hinunter vom Wasser an den Strand geworfen worden waren ...

Nach der Hochsaison werden die Körbe alle wieder eingesammelt und begutachtet. Die neuen, unbeschädigten gehen in Halle 3, Körbe mit kleineren Reparaturen wie Leisten ersetzen oder Fußstützen neu anschrauben, kommen in Halle 2. Halle 1 beherbergt die härteren Fälle: zerschlitzte Sitze, kaputte Strandgardinen, gröbere Holzarbeiten. Das Flechtwerk ist eigentlich unverwüstlich. Die sieben Mitarbeiter des Bauhofs, Handwerker und Alleskönner allesamt, kennen kein Pardon: Binnen eines Tages wird der kaputte Stoff abgenommen, neue blau-weiße Markisen zugeschnitten, aufgezogen, festgetackert, hier noch verschönt und dort noch gerichtet, wo nötig ein Klacks Farbe dazu, und die nächste Saison kann kommen.

EINIGE STÜHLE SIND NICHT ZU RETTEN. MEIST IN DER NACHT UND UNTER EINFLUSS VON PROMILLE IM BLUT WERDEN SIE OPFER VON VANDALISMUS. DABEI REICHT DIE PALETTE VON AUFSCHLITZEN UND VERBRENNEN BIS ZUM, WIE AUCH SCHON GESCHEHEN, RUNTERSCHMEISSEN VOM SECHS METER ÜBER DEM BODEN LIEGENDEN DACH DES TOILETTENPFAHLBAUS. DIESE ART VON TOTALSCHADEN KANN NUR NOCH EINGESAMMELT UND IN DIE MÜLLPRESSE GEBRACHT WERDEN. GLÜCKLICHERWEISE WERDEN DIE TÄTER ABER AUCH OFT GESCHNAPPT.

Ungefähr 40 bis 50 Strandkörbe, deren Reparaturaufwand mehr als einen Tag beträgt, werden alljährlich öffentlich versteigert. Dann schwingt sich Heinzi Hecke, der Allrounder, zum Auktionator auf und treibt mit Witz, Charme und jeder Menge lockerer Sprüche den Startpreis von 40 Euro auf das Sechsfache.

Offen für alle, die sich kurz ausruhen wollen: In St. Peter-Ording gibt's keine Gitter vor den Sitzen. „Knastkörbe" nennt Heinzi Hecke die, und freut sich, dass ein Zusperren bei ihm nicht nötig ist.

730
726
723
666

ECHT ABGEFAHREN. VON ORDING BIS BÖHL MIT DEM FAHRRAD UNTERWEGS

FAHRRADFAHREN IST EINE FEINE SACHE. JUNG ODER ALT, TRAINIERT ODER AUCH NICHT, RENNMASCHINE ODER HOLLANDRAD, EIGENES VEHIKEL ODER GELIEHEN – RADFAHREN WIRD EINEM IN ST. PETER WIRKLICH LEICHT GEMACHT. UND ABWECHSLUNGSREICH IST ES OBENDREIN!

ZU ZEITEN DES ZWEITEN WELTKRIEGS STAND HIER EIN BEOBACHTUNGSTURM, VON DEM AUS DER EIGENE UND FEINDLICHE FLUGVERKEHR BEOBACHTET WURDE. MIT RADARGERÄTEN SOLLTEN ZUDEM VOM WESTEN HERANNAHENDE FEINDLICHE FLUGZEUGE FRÜHZEITIG GEORTET WERDEN, UM RECHTZEITIG DIE EIGENE FLUGABWEHR IN STELLUNG BRINGEN ZU KÖNNEN. NACH ABZUG DER FUNKMESSSTELLE WURDE HIER DIE KÜSTENARTILLERIE IN STELLUNG GEBRACHT, UM EINER MÖGLICHEN INVASION VOM WASSER AUS ENTGEGENZUTRETEN.

Beginnend in Ording, führt die schönste Strecke zunächst durch den Wald, wobei hier ein Abstecher zum Strand am Yachthafen der Strandsegler empfehlenswert ist. Eine lange Bohlenbahn zieht sich über den Sand und weist den Weg zur Bar 54° Nord.

Zurück im Wald, kann man den harzigen Duft der Kiefern und den Schatten der Bäume genießen – ins Schwitzen kommen die Ersten, sobald sie erkennen, dass dieser Wald aus einer Dünenlandschaft entstand, die lediglich bewaldet, aber keinesfalls eingeebnet worden ist. Vorbei an versteckten Tafeln zur Ortsgeschichte geht es zum Aussichtspunkt Maleens Knoll und anschließend vorbei an der Dünen-Therme mitten hinein ins Getümmel von Bad.

Nun kann man geruhsam quasi alle 50 Meter eine Kaffee-, Eis- oder Essenspause einlegen. Wem das noch zu schnell ist, der schaut zwischendrin noch die Auslagen der diversen Geschäfte näher an.

Nach dem Ortsteil Bad folgt man entweder der Hauptstraße oder biegt nach rechts in die Dünenlandschaft ein, wo Heidekraut und Betondeich alsbald ein lustiges Duo abgeben. Dann ist man schon in – und nicht etwa im – Dorf. Hier liegt das eigentliche Zentrum von St. Peter-Ording, zumindest, was das Administrative angeht. Rathaus, Tourismus-Zentrale, Eiderstedter Museum, wiederauferstandenes Backhaus – was immer von Interesse ist, befindet sich hier im kleinsten Umkreis.

DAT BACKHUS

DASS HEUTE SO VIEL ÜBER DIE VERGANGENHEIT ST. PETER-ORDINGS BEKANNT IST, IST NICHT ZULETZT EINEM UMTRIEBIGEN UND IDEENREICHEN HEIMATVERBAND, DER AG ORTS-CHRONIK, GESCHULDET. AUF EINER KARTE VON 1873 WURDE MAN INMITTEN DER HANDGEZEICHNETEN HÄUSER EINES KLEINEN GEBÄUDES GEWAHR, DAS ALS BACKHAUS INTERPRETIERT WERDEN KONNTE. NACH DEN VORGABEN DER DENKMALBEHÖRDE WURDE GEGENÜBER VOM RATHAUS DER GRUNDSTEIN GELEGT UND DURCH TATKRÄFTIGE UNTERSTÜTZUNG UND SPENDEN BINNEN EINES JAHRES DAS HAUS GEBAUT. SEIT 2006 WIRD, VOR ALLEM IN DEN SOMMERMONATEN, HIER REGELMÄSSIG NACH GUT VÄTER SITTE GEBACKEN. EIN GENUSS, DEN MAN SICH KEINESFALLS ENTGEHEN LASSEN SOLLTE!

Bemerkenswert sind die unterschiedlichen Stile, die sich in der Architektur entlang dieses Hauptweges finden. Offenen Auges entdeckt man Historisches wie alte Holzhäuser neben Bausünden der 1960er-Jahre, Reste von Kinderheimen neben dem immer noch aktiven Nordseeinternat. In jedem Fall ist es beeindruckend, welche Vielzahl von Gästen beherbergt wird – und das offensichtlich schon eine ganze Weile.

Sobald rechter Hand der Leuchtturm von Böhl sichtbar wird, hat man es auch schon geschafft – in Süderhöft führt der letzte Weg Richtung Deichweg.

Zuvor sollte man es sich nicht nehmen lassen, erneut über die herrlich federnden, hüpfenden und feinste Akustik erklingen lassenden Bohlenwege quer durch die Salzwiesen zum Pfahlbautrio rund um die Seekiste zu radeln. Steht das Wasser günstig (also weit weg), kann eine kleine Runde am Strand gedreht werden.

SOBALD DAS WATT SO WEIT EMPORGEWACHSEN IST, DASS ES NICHT MEHR TÄGLICH ÜBERFLUTET WIRD, BILDEN QUELLER, ANDELGRAS, STRANDASTER, STRANDDREIZACK, STRANDFLIEDER, STRANDWEGERICH, STRANDGRASNELKE, STRANDWERMUT UND ANDERE EINE WUNDERBARE SYMBIOSE UND LASSEN DIE EHEMALS WEISSEN ODER MATSCHIG-BRAUNEN STRANDABSCHNITTE ERBLÜHEN. ALLEN GEMEIN IST DABEI, DASS SIE HERVORRAGEND MIT EINER ERHÖHTEN SALZKONZENTRATION IM BODEN UND DER LUFT AUSKOMMEN KÖNNEN. DIE SALZWIESEN SIND FÜR DIE ZUGVÖGEL, DIE HIER ZU TAUSENDEN EINFALLEN, UM AUF IHREM LANGEN WEG ZU DEN BRUTSTÄTTEN IN AFRIKA ZU RASTEN, EIN FESTLICH GEDECKTER TISCH ZUM SATT FRESSEN.

Dann folgt man einfach immer dem Deichweg, buten oder, sofern nicht allzu viel Fußgänger unterwegs sind, auch gerne auf der Deichkrone. Bei meist vorherrschenden westlichen Winden hat man dabei nicht nur zeitgleich Strand, Meer und Dünen im Blick, sondern zudem auch noch eine wunderbare Anschubhilfe. Endlich mal, möchte man seufzen, weht der Wind hier nicht aus der falschen Richtung.

Unscheinbarer als der bekannte Bruder im Norden, aber nicht minder beeindruckend: der Leuchtturm von Böhl.

Weite, Licht und Wechselspiel. Hier findet jeder, was er braucht – selbst wenn er vorher gar nicht wusste, dass es ihm fehlt.

ESSEN & TRINKEN AUF HÖCHSTEM NIVEAU

8

Restaurant & Café
Die Seekiste

GOSCH

WAS SIND DIE FAVORITEN ZUM THEMA URLAUB UND WOHLFÜHLEN? DER EINE WILL WAS ERLEBEN, DER ANDERE RUHE. DER EINE LIEBT BERGE, DER ANDERE DIE SEE. NUR IN EINEM PUNKT SIND SICH ALLE EINIG: LECKER UND GUT ESSEN GEHÖRT UNBEDINGT DAZU. DOCH SCHON AN DER NÄCHSTEN, LOGISCH FOLGENDEN FRAGE: „WAS GENAU BEDEUTET DAS DENN?", SCHEIDEN SICH DIE GEISTER ERNEUT. ZUM GLÜCK IST DIE AUSWAHL GROSS GENUG, WIE EIN LOCKERER QUERSCHNITT ZEIGT.

Offen für jedermann: Gosch lockt Fischliebhaber.

KNAPP 200 000 FISCHBRÖTCHEN GEHEN HIER JÄHRLICH ÜBER DEN TRESEN, WOBEI JEDES BRÖTCHEN FRISCH GEBACKEN UND ZUBEREITET WIRD – OHNE SALATBLATT, DAS DIE KNUSPRIGKEIT DES BRÖTCHENS SCHNELL VERMISSEN LIESSE.

GOSCH

Als einziges vor dem Deich, aber noch auf dem Festland liegendes Kulinarium punktet Gosch St. Peter-Ording direkt auf der Buhne vor der Promenade. In der Identifikation direkt hinter der großen Mutter Gosch Sylt, hat es sich schnell einen Kultstatus erworben. Kein Wunder, das schwedenrot gestrichene Holzhaus ist so auffällig, dass der Besucher sich schon fast einen Kilometer vor dem Erreichen – egal ob vom Strand, vom Ordingerdeich oder vom Dorfdeich her kommend – überlegen kann, ob er lieber reingehen oder draußen auf der Terrasse sitzen möchte. Das Konzept mit Holzhaus, Naturgrasdach und Budencharakter geht jedenfalls voll auf, die Mischung aus Selbstbestimmung und Entspannung trifft ins Herz.

Die Atmosphäre ist immer einzigartig: Nirgendwo werden die Sonnenuntergänge stilvoller untermalt, und kein anderes Restaurant bietet derartig vielfältige allgemeine Veranstaltungen, wie zum Beispiel ein eigenes Jazz-Festival.

DIE STRANDHÜTTE, AXELS RESTAURANT

Die Strandhütte, der Pfahlbau vor dem Ortsteil Dorf, setzt auf andere Qualitäten: Hier kocht Axel Kirchner (13 Punkte und eine Haube im „Gault Millau") auf gehobenem Niveau. Obwohl es bei ihm keine Parkplätze gibt (aber während der Saison eine regelmäßige Busverbindung), brummt das Restaurant. Tagsüber wird bezahlbare Strandgastronomie serviert, abends ein stets wechselndes Drei- oder Fünf-Gänge-Land&Meer-Menü sowie Einzelgerichte à la carte. Viermal

Anatomie der Gegensätze: Vom Europameisterschaftsdritten im Pizzabacken Pasquale bis zur Strandhütte des punkt- und haubengeschmückten Feinschmeckerkochs Axel Kirchner gibt es hier alles.

im Jahr wechselt die Speisekarte und werden die Gerichte jahreszeitlich angepasst. Das Motto des stets gut gelaunten Kochs und seiner Belegschaft: Gutes auf ein Maximum reduziert. Weder Essen noch Ambiente oder Service wirken aufgesetzt. Wer möchte, kann sich sein Essen auch auf der wundervollen Terrasse servieren lassen, derweil der Nachwuchs sich ebenfalls dort auf dem restauranteigenen Spielplatz vergnügt.

FÜR FESTLICHE GESELLSCHAFTEN ODER FEIERN WIRD AUFGERÜSTET: DANN SCHWEBT EIN HAUCH VON EXKLUSIVITÄT ÜBER DEN PERFEKT IN WEISS EINGEDECKTEN TISCHEN. FAST SKURRIL FINDET KIRCHNER DAS, WENN NACH EINEM NORMALEN MITTAG MIT GÄSTEN VOM STRAND PLÖTZLICH NUR NOCH ANZUGTRÄGER UND SCHICKE KLEIDER SEINE STRANDHÜTTE BEVÖLKERN. SKURRIL, ABER AUCH WUNDERSCHÖN.

TÄGLICH

Gar nicht weit von Axels Restaurant, wie die Strandhütte auch heißt, nämlich mitten in Dorf, liegt das Täglich. Brauhausatmosphäre statt maritimes Flair, einzigartig im Konzept der kleinen Gerichte, Suppen, Baguettes, Stullen oder Grünzeug – im Täglich ist einfach nichts alltäglich, und darauf ist Inhaber Harry Bresemann stolz! Auch wer nur auf ein Getränk hereinschauen mag oder sich am fantastischen Frühstück satt essen – alles ist möglich, und das für kleines Geld. Außerdem gibt's hier die leckerste Currywurst vom heimischen Fleischermeister, garniert mit frischem Pils vom Fass, oder eine beeindruckende Whiskyauswahl.

PASQUALE

Ebenfalls für den kleinen Hunger und den schmaleren Geldbeutel arbeitet Pasquale, bekanntester Italiener St. Peter-Ordings. Sein Restaurant mit Außenverkauf liegt direkt am Zugang zur Promenade und gleich neben der Dünen-Therme. Nirgendwo sonst gibt es derartig frisch und ausgezeichnet zubereitete Pizzen – auf die Hand oder auf den Teller.

LIEGT'S AM OFFEN EINSEHBAREN HOLZBACKOFEN, DER DEN HUNGRIGEN DAS WASSER IM MUND ZUSAMMENLAUFEN LÄSST, ODER AM EIGENS AUS ITALIEN IMPORTIERTEN STEINMEHL? ODER DARAN, DASS DER QUIRLIGE CHEF SCHON VOR 20 JAHREN ERKANNT HAT, DASS PIZZA SEIN TALENT IST, DAS ER AM LIEBSTEN MIT SEINEN KUNDEN TEILT? IMMERHIN HAT ER SICH JÜNGST ERST DEN DRITTEN PLATZ IN DER EUROPAMEISTERSCHAFT DES PIZZABACKENS ERARBEITET!

Aber auch Nudelgerichte, Antipasti oder Fischbrötchen bekommt der hungrige Gast. Bis zu 100 000 Pizzen verkaufen Pasquale und seine stets freundlichen Mitarbeiter jährlich – an Touristen, aber auch an St. Peteraner, für die sein Imbiss ein beliebter Treffpunkt ist.

STRANDBAR 54° NORD

Am sportlichsten Strandabschnitt, in Ording, steht die Strandbar 54° Nord. Chilliger ist es nirgendwo, und nasser auch nicht – zweimal am Tag umspült die Flut die Pfähle, zeigen Kitesurfer tolle Sprünge und waghalsige Moves. Sofern die Tide und das Wetter es zulassen, sitzt der Gast hoch darüber entrückt und entzückt auf gemütlichen Bänken, Liegen, oder, wenn der Andrang allzu groß ist, im Sommer auch mal draußen auf dem Fußboden des Sonnendecks. Die Küche ist authentisch frisch, regional und auch mal gewagt. Die Portionen perfekt für hungrige Genießer. Besonders beliebt: Milchreis mit Kirschen. Und natürlich die frisch gebackenen Waffeln nach Mutters Rezept!

MAIKE HAUPT UND DIE SEEKISTE
EIN GENERATIONENÜBERGREIFENDES PROJEKT

Maike Haupt ist die Seele der Seekiste. Immer gut gelaunt steht sie tagein, tagaus hinter dem Tresen, zapft Getränke, begrüßt die Gäste und hat mit flinken Augen alles im Blick, damit ein reibungsloser Ablauf im Restaurant garantiert ist.

Kaum ein Gastronom in St. Peter-Ording dürfte wohl so innig in das Metier hineingewachsen sein – und gleichzeitig als absoluter Quereinsteiger gelten. Vier Jahre war Maike Haupt alt, als die Eltern von der Ostsee nach Böhl zogen, um dort einen Lebensmittelmarkt zu eröffnen. 1976 kam die Seekiste, der am südlichsten gelegene Pfahlbau hinzu, zunächst als Imbiss. Tagtäglich Punkt 17.00 Uhr, wenn die Badegäste den Strand verließen, war Schluss mit dem Betrieb. Warum eigentlich? Als erster Pfahlbau überhaupt wurde hier aus einer Bude ein veritables Restaurant, das die Eltern bis 2007 mit wachsendem Erfolg betrieben. Maike wuchs heran, studierte und begann ihr ganz eigenes Leben: als Lehrerin. „Meinen damaligen Beruf habe ich wirklich geliebt!", sagt sie, und noch heute strahlen die Augen, wenn sie davon erzählt. „Genau wie mein Mann!" – Dirk, ebenfalls Lehrer.

ALS DIE ELTERN DIE SEEKISTE NICHT MEHR WEITERFÜHREN KONNTEN, ÜBERLEGTE DAS JUNGE PAAR DENNOCH NICHT LANGE, GAB ALLES AUF, SICHERHEIT, VERBEAMTUNG, LEBENSSTELLUNG! – UND BEWARB SICH AUF DIE KONZESSION. ERFOLGREICH.

Nach Umbau und Winterpause eröffneten sie Ende März die neue, größere Seekiste. „Und das Wetter war so herrlich, dass man da schon draußen auf der tollen großen Terrasse sitzen konnte!" – wieder strahlt Maike Haupt.

In den folgenden Jahren festigten sie ihren guten Ruf. „Hier gibt es nur Frisches aus der Region: Krabben, Susländer Schwein, Käse, Lamm. Alles eigenhändig zubereitet. Von Lieferanten, die wir persönlich kennen. Unsere Krabben zum Beispiel holen wir selbst vom Kutter ab. Anders als im Handel sind die sind nicht konserviert oder so, sondern auf dem Kutter auf die Minute genau gekocht. Das erleichtert nämlich das Pulen." Krabben pulen fast alle Mitarbeiter der Seekiste. 30 Kilogramm Nordseegarnelen können es schon mal sein – an einem Tag. „Uns ist die Frische wichtig, deshalb kann es auch passieren, dass es witterungsbedingt mal keine Krabben gibt. An besonders starken Tagen kommen wir manchmal auch einfach nicht mit dem Pulen hinterher. Krabben sind eben ein Produkt, das besonders lecker, aber auch besonders aufwendig ist. Hilft ja nichts – wenn sie alle sind, sind sie eben alle." So ein Pensum ist nur mit gutem Personal zu schaffen. „Aber das zu finden ist gar nicht so leicht", seufzen die beiden. „Wir würden gerne mehr Servicekräfte einstellen."

Personaleinsatz und Warenmenge hängen am Wetter – maximal zwei Tage im Voraus kann geplant werden. Und selbst dann ist man nie sicher. Ungefähr zehnmal pro Saison – von Anfang April bis Ende Oktober – steht die Seekiste komplett unter Wasser. „Wenn wir dann gerade Krabben gekauft haben, gibt's bei uns zu Hause nichts anderes zu essen", lacht Maike.

Neben den Krabben sind es vor allem die Salzwiesenlämmer aus Nordstrand, die hier zu den Spezialitäten zählen. Oder die Stinte aus dem Priel, die den Fischern manchmal ins Netz gehen. „Das wissen wir natürlich nie vorher, aber vielleicht macht auch gerade das unsere Küche aus. Klassiker hingegen stehen immer auf der Karte; kein Jahr vergeht ohne Bauernfrühstück."

EINMAL HABEN DIE HAUPTS VERSUCHT, DAS BAUERNFRÜHSTÜCK ABZUSETZEN, ABER DIE NACHFRAGE DER GÄSTE, OFT AUCH STAMMGÄSTE UND SOGAR ÜBER GENERATIONEN HINWEG TREU, WAR SO HOCH, DASS SIE ES WIEDER IN DIE KARTE AUFNEHMEN MUSSTEN.

Überhaupt, die Gäste: Sie sind neben der guten Vernetzung mit Lieferanten das eigentliche Kapital der Seekiste. Aber auch sie sind unberechenbar. „Die Konjunkturamplitude kann an diesem ausgewählten Standort dreimal täglich zwischen Ansturm und Langeweile hin und her schwanken", sinniert Dirk Haupt. Dennoch versuchen die beiden Betreiber immer den Blickwinkel des Gastes einzunehmen. Mit einer großen Portion Disziplin gegen sich selbst und noch mehr gesundem Menschenverstand haben die beiden Quereinsteiger das perfekte Wohlfühlambiente für ihre Gäste geschaffen. Das Nachspüren der Gastwünsche fällt nicht schwer: Beide essen am liebsten den Labskaus aus ihrer Karte, und beide schätzen es, im Sommer gemeinsam im Strandkorb auf dem Podest zu sitzen. „Auch der 120 000ste Sonnenuntergang ist für mich wunderschön", schwärmt Maike Haupt. „Die Entscheidung für die Seekiste war goldrichtig. Wir würden nicht tauschen wollen."

Authentisch, einheimisch, immer gut gelaunt: Maike Haupt, die Seele von der Seekiste am Böhler Strand.

Für Menschen, die das Alltägliche besonders zubereitet mögen: das nicht alltägliche Täglich.

Entspannter kann man Strand nicht genießen: chillige Atmosphäre und leckeres Essen in der Strandbar 54° Nord.

Der Tag geht, die
gute Laune bleibt.
Danke, St. Peter!

WATT WO WANN ZU FINDEN IST

9

Z

ZIMMERVERMITTLUNG
AM EINFACHSTEN
ÜBER DIE TOURIST-
INFORMATION
DURCHWAHL:
04863/999-155

T

TRIATHLON
GEGEN DEN WIND
TRITATHLON
INFO:
WWW. GEGENDENWIND.COM
IMMER IM FRÜHSOMMER;
MAI ODER JUNI

S

SEEKISTE
AM BÖHLER STRAND / BÖHL
TEL.: 04863/476757

T

TOURIST-INFORMATION
DORF:
DIREKT AM RATHAUS
BADALLEE 1
BAD:
GEBÄUDE DÜNEN-THERME
MALEENS KNOLL 2
TEL.: 04863/999-0

L

LAUFEN
GEGEN DEN WIND
HALBMARATHON
INFO:
WWW. GEGENDENWIND.COM
IMMER IM FRÜHSOMMER;
MAI ODER JUNI

B

BERNSTEINMUSEUM
DORFSTR. 15 / DORF
TEL.: 04863/5611

S

**SEEHUND-
SICHTUNG**
BODO JENSEN
TEL.: 0174/1504213

R

ROBBEN UND SEEHUNDE
IM ROBBARIUM
WESTKÜSTENPARK
WOHLDWEG 6
WWW.WESTKUESTENPARK.DE
IN DER REGEL VON APRIL BIS
OKTOBER GEÖFFNET

S

**STRANDHÜTTE –
AXELS RESTAURANT**
AM SÜDSTRAND /
DORF
RESERVIERUNG
EMPFOHLEN
TEL.: 04863/4747011

K

KINDERSPIELHAUS
DORFSTR. 57 / DORF
TEL.: 04863/999-239

M

**MUSEUM DER LANDSCHAFT
EIDERSTEDT**
OLSDORFER STR. 6 / BAD
DI–SO 10–17 UHR
FÜHRUNG MI 15 UHR
AUCH VERANSTALTUNGEN

S

STRANDBAR 54° NORD
STRANDWEG 999 /
ORDING
TEL.: 04863/478175

P

LA TRATTORIA PASQUALE
AM KURBAD 35 / BAD

T

TÄGLICH BISTRO-CAFE
DORFSTR. 10 / DORF
TEL.: 04863/476579

G

GASTRONOMIE / RESTAURANTS
RESTAURANTFÜHRER
ST. PETER-ORDING
WWW.RESTAUTRANTFUEHRER-STPETERORDING.DE

W

WELLNESS
DÜNEN-THERME
MALEENS KNOLL 2 / BAD
TEL.: 04863/999-161

G

GOSCH ST. PETER-ORDING
BUHNE 1 / BAD
TEL.: 04863/4785090

B

BADEAUFSICHT
JEWEILS EINER DER PFAHLBAUTEN IN BÖHL, DORF, BAD, ORDING
JEWEILS VON APRIL BIS OKTOBER BESETZT

W

WATTENMEER
SCHUTZSTATION WATTENMEER
ST. PETER-ORDING
NATIONALPARK-HAUS ST. PETER-ORDING
DÜNEN-THERME
MALEENS KNOLL 2 / BAD
WWW.SCHUTZSTATION-WATTENMEER.DE/UNSERE-STATIONEN/ST-PETER-ORDING
GANZJÄHRIG NATURKUNDLICHE FÜHRUNGEN

S

STRANDSEGELN
SCHNUPPERKURS Z. B. BEI
NORDWIND WASSERSPORT E. V.
TEL.: 04346/5955
WWW.NORDWIND-WASSERSPORT.DE
EVENTS
YACHT CLUB ST. PETER-ORDING
DEICHSTR. 5 / ORDING
TEL.: 04863/8260

K

KITESURFEN UND KATAMARANSEGELN
WASSERSPORTCENTER X-H2O
ORDINGER STRAND
TEL.: 04863/478800
WWW.X-H2O.DE
MAI BIS OKTOBER

K

KITEBUGGY-FAHREN
KITEBUGGY FAHRSCHULE
TEL.: 04863/3665
WWW.BUGGYFAHRSCHULE.DE

V

VERANSTALTUNGEN
VERANSTALTUNGSKALENDER
WWW.ST-PETER-ORDING.DE/VERANSTALTUNGSKALENDER.HTML

VERLAG UND AUTOREN DANKEN ALLEN BETEILIGTEN FÜR DIE GROSSARTIGE MITARBEIT UND DAS ZUR VERFÜGUNG GESTELLTE BILDMATERIAL.

BIRGIT RADEBOLD

HAMBURGER DEERN, LEKTORIN, WASSERSPORTLERIN. GENIESST SCHON LANGE DIE GROSSE SANDKISTE ST. PETER-ORDING, WANN IMMER DIE ZEIT DIES ZULÄSST. LEBT MIT IHRER FAMILIE ZWAR NICHT DIREKT AN DER KÜSTE, ABER DOCH IMMERHIN GLEICH HINTERM ELBDEICH.

ALLE AUFZUZÄHLEN, DENEN ICH DANKE, WÜRDE DAS BUCH SPRENGEN: KOLLEGEN, FREUNDE, FAMILIE UND NICHT ZULETZT ALL JENE, DIE MIR ST. PETER-ORDING DURCH IHRE HILFE UND INFORMATIONEN NOCH NÄHER GEBRACHT HABEN.

THOMAS ERNST

MANAGER UND GENIESSER. IST ST. PETER-ORDING SCHON SEIT JAHREN BERUFLICH VERBUNDEN UND HAT DIE LANDSCHAFT SO IN SEIN HERZ GESCHLOSSEN, DASS ER GERN INS UMFELD VON ST. PETER-ORDING REIST. LEBT ANSONSTEN BEI KÖLN.

MEIN HERZLICHSTER DANK GILT WERNER DOMANN (MARKETING- UND VERANSTALTUNGSLEITER), BÜRGERMEISTER UND TOURISMUS-DIREKTOR RAINER BALSMEIER SOWIE KONSTANZE JENSEN, OHNE DIE DIESES BUCH NICHT ZUSTANDE GEKOMMEN WÄRE.

HARALD SCHMITT

FOTOGRAF. SECHSMAL WORLD PRESS PHOTO AWARD IN AMSTERDAM. IST WEIT GEREIST UND HAT VIELE LÄNDER BESUCHT. LANGE JAHRE FEST ANGESTELLTER FOTOREPORTER DES „STERN". HEUTE ALS FREIER FOTOGRAF UNTERWEGS – WENN IHN DAS THEMA REIZT.

„EIN BERÜHRENDES FOTO ENTSTEHT ZUERST IM HERZEN, UND ERST DANACH IN DER KAMERA."

Bibliografische Information der Deutschen Nationalbibliothek
Die Deutsche Nationalbibliothek verzeichnet diese Publikation in der Deutschen Nationalbibliografie; detaillierte bibliografische Daten sind im Internet über http://dnb.dnb.de abrufbar.

1. Auflage
ISBN 978-3-7688-3909-9

Text: Birgit Radebold
Einbandgestaltung: Gabriele Engel
Layout: Felix Kempf, www.fx68.de
Lithografie: scanlitho.teams, Bielefeld
Druck: Himmer AG, Augsburg
Printed in Germany 2014

Delius Klasing Verlag, Siekerwall 21, D - 33602 Bielefeld
Tel.: 0521/559-0, Fax: 0521/559-115
E-Mail: info@delius-klasing.de
www.delius-klasing.de

BILDNACHWEIS

Beach Motel: 95 BEACH MOTEL
Corbis: 16/17 Christine Ellger / Westend61 / Corbis; 39, 40/41 Guenter Rossenbach / Corbis; 57 Ralf Falbe / demotix / Corbis; 58/59 Ralf Wilken / imagebroker / Corbis
Depositphotos: 56 3quarks / depositphotos
Fotolia: 52/53 pawel / fotolia; 99, 104 crimson / fotolia; 108/109 jenny sturm / fotolia
getty images: 124/125 Arnt Haug / Look / gettyimages
Gosch St. Peter-Ording: 129
Harald Schmitt: 25, 37, 67, 81, 84, 103, 113, 133, 142 r
interfoto: 35 INTERFOTO/imageBROKER / Daniel Schoenen;
64 INTERFOTO / imageBROKER / Karsten Jeltsch
Jöns: 38 l+r
Klaus Fengler: 142 M
LOOK-foto: Cover vorn, 10, 119 H & D Zielske / LOOK-foto; 18 age fotostock / LOOK-foto; 26 TerraVista / LOOK-foto; 47, 48 Engel & Gielen / LOOK-foto; 50, 114/115 Karl Johaentges / LOOK-foto; 82/83, 128 Sabine Lubenow / Look-foto; 96 Arnt Haug / LOOK-foto,
120 Roetting / Pollex / LOOK-foto
Mauritius: Cover hinten or, 70, 136/137 maritius images / ib / Wolfgang Diederich;
28 mauritius images / ib / Bele Olmez; 61 mauritius images / ib / Stefan Hargus;
72 mauritius images / ib / Daniel Schoenen; 100/101 mauritius images / ib /
Walter G. Allgöwer
Pasquale Corvaglia: 130 l+r
PHOTOMAX/Alamy: 34
Picture alliance: Cover hinten ol, 20/21, 30 picture alliance / Arco Images / K. Hinze; Cover hinten ul, 42/43 picture-alliance / dpa / dpaweb / Kay Nietfeld; Cover hinten ur, 90/91 picture alliance / Arco Images / R. Kiedrowski; 4 /5, 12, 51, 54, 55, 86/87 picture alliance / HOCH ZWEI / Philipp Szyza; 6/7, 8/9, 62/63 picture alliance / dpa / Carsten Rehder; 27, 78 picture alliance / dpa / Wolfgang Runge; 44/45 picture alliance / dpa / Marcus Brandt; 68 picture alliance / CHROMORANGE / Ralph Kerpa; 74/75, picture alliance / dpa / Angelika Warmuth; 77 picture alliance / Sport Moments / Jacobs;
116 picture alliance / dpa / dpaweb / Wulf Pfeiffer
Schneider Immobilien: 97
Seekiste / Dirk und Maike Haupt: 126/127
shutterstock: 15, 31, 33, 92, 123, 140/141
Strandbar 54° Nord / Uwe Kirchner: 134 r Svenja Rohde; 135 mamo photo Partner / Martin Kunze & Michael Gehring
Strandhütte / Axel Kirchner: 131
Täglich / Harry Bresemann: 134 l
Thomas Ernst: 88
Torsten Heller: 22, 98, 106/107, 138/139, 142 l
Tourismus-Zentrale: 79; 89 Tourismus-Zentrale St. Peter-Ording / Photograph T. Pfaff; 110